東北

ゆったり
山歩き

**増補
改訂版**

自然を満喫できる厳選コースガイド

木暮人倶楽部 森林・山歩きの会 監修

※本書は 2019 年発行の『東北 ゆったり山歩き 厳選コースガイド』を元に加筆・修正を行い、新規内容を追加、書名・装丁を変更して新たに発行したものです。

本書の地図は、国土地理同院発行の電子地形図25000を複製したものです。

① 山名、湿原名、渓谷名など
「読みがな」はそれぞれの土地・地域での読み方になっている場合があります。

② 難易度
歩行距離・時間、標高差、クサリ場の程度、登山道の状況などから一般的に考えられる山の難易度で、「初級」「中級」「上級」の3段階で表示しています。

③ 山歩きDATA
登山シーズン:

1	2	3	4	5	6	7	8	9	10	11	12

一般的な登山適期（青）、ベストシーズン（黄色）で示しています。雪国の山は年やコースによって雪融けの状況に相当差があること、夏場にはアブなどが大量に発生し、必ずしもベストシーズンとはいえない地域があることなどにご留意ください。

体力レベル: ★ ★ ★
3段階で表示しています。

標高: 小数点以下を四捨五入して表示しています。三角点の標高と山頂の標高が異なるケースがあります。

標高差: 紹介したコースの山頂までのおよその標高差で、コースの累積標高差ではありません。また、厳密に計測した数値でもありません。

歩行時間: 人によって異なる歩行時間ですが、類書に比べ少し余裕をもたせています。

歩行距離: 登山コースの概ねの距離であり、厳密に計測したものではありません。

照会等: それぞれの山について、参考となる観光協会や自治体等の電話番号を表示しています。

青森県　岩手県　秋田県　宮城県　山形県　福島県

津軽富士とも呼ばれる北の独立峰

① 岩木山
いわきさん

② 初級

③ 山歩きDATA
登山シーズン

1	2	3	4	5	6	7	8	9	10	11	12

体力レベル	★ ★ ★
標　　高	1625m
標 高 差	約350m
歩 行 時 間	約3時間
歩 行 距 離	約3.5km

岩木山観光協会
☎ 0172-83-3000

▲山頂に建つ岩木山神社の奥宮

④ 　津軽平野のなかに端正な円錐形で裾野を広げる岩木山。津軽富士として親しまれ、地元では「お山」「お岩木さま」などとも言われ、現在は山麓から主に5つのコースが山頂に延びている。

　最も手軽に山頂に向かうのは、津軽岩木スカイライン（有料道路）の終点である8合目からリフトに乗り、終点から山頂をめざすコース。また、リフトに乗らず、8合目から登山道を歩いて登るハイカーも多い。

　リフト脇（8合目登山口）❶から灌木のな

▲浮き石に注意しながら山頂をめざす

か、明瞭な登山道を約40分上がると、山頂部の分岐に着く。右手はリフト終点から鳥海山へのコース。左手が山頂への道だ。

　展望のよい、ゴツゴツとした岩の稜線をひと登りすると鳳鳴ヒュッテ❷という文字どおり緊急避難用の小さな小屋。さらに40分ほど岩場を登れば、岩木山山頂❸に着く。

　山頂までの道は明瞭で迷うことはないが、岩場では浮石の思わぬ落石に注意したい。また、濃霧だと、とくに山頂部で霧に巻かれて方角を見失いがちになる。

　岩木山神社の奥宮がある山頂からの眺めは抜群で、東に八甲田連峰、その手前には弘前市街、北西には間近に鰺ヶ沢から日本海が広がり、南には白神山地の広大で重厚な山並みが横たわる。

　展望を楽しんだら下山は往路を戻る。夏期に運行されるバスで8合目まで上がってきたなら、下山は嶽温泉コース、百沢温泉コースなどを利用するのもいいだろう。

8

---

④ コースガイド
（地図上の太赤線 ——）
それぞれの山に登る一般的なコースの紹介です。「右」や「左」は進行方向に向かっての左右を示しますが、「右岸」「左岸」は上流から下流に向かっての左右で示しています。林道の状況など、年によって変わるケースがあることなどに留意してください。

⑤ 立ち寄りスポット
主に、それぞれの山域の立ち寄り入浴施設を中心に紹介しています。登山の汗をすっきりと流しましょう！

県別の色

青森県	宮城県
岩手県	山形県
秋田県	福島県

⑥ 岩木山

START GOAL ⑥ 8合目登山口 ①

岩木山の登り降りでは浮き石に注意

夏場はトイレが設置される

岩木山神社

岩木山 1625 展望は抜群！

鳳鳴ヒュッテ

鳥ノ海

リフト終点 鳥海山

眺めのよい平坦な道が続く

⑥ 国土地理院の2万5000分の1地図データに、登山コースとSTART、GOAL、撮影スポット、山小屋、トイレ、駐車場などの情報を載せています。

START	スタート
GOAL	ゴール
P	駐車場
W.C	水場・水補給場所
W.C	トイレ
🏠	山小屋・避難小屋
📷	撮影スポット
△	山頂
❶❷❸❹	コースを歩く順番
◀0:05▶	コースタイム

▲稜線では広い展望が得られる

⑧ 登山口情報

〈トイレ〉
8合目登山口のレストハウスのほか、山麓の温泉街、温泉街を結ぶ鯵ヶ沢街道沿いに点在している

〈駐車スペース〉
8合目登山口に100台以上

〈交通アクセス〉
弘前市からは県道3号線を西へ向かうと、山麓へ

⑦ 登降イメージ

❶		❷		❸		❹		❺		❻
8合目登山口	900m	鳳鳴ヒュッテ	400m	岩木山山頂	300m	鳳鳴ヒュッテ	400m	鳥海山	800m	8合目登山口

▲8合目駐車場　▲山頂にはトイレと社務所がある

展望抜群の鳥海山を散策

できるだけ山頂部の散策を楽しみたい人におすすめなのは、リフト終点から登山道を岩木山本峰と反対側に15分ほど歩いた鳥海山❺。ナナカマドなどの灌木の道を少し登ると鳥海山の山頂の南端で、続く平坦な道を少し歩くと、南斜面の展望も開ける。

▲鳥海山頂上付近から岩木山本峰

立ち寄りスポット **⑤**

百沢温泉
📞0172-83-2226

岩木山の山麓には嶽温泉郷、百沢温泉郷、羽黒温泉郷、湯段温泉郷、新岡温泉、三本柳温泉、北小苑温泉、桜温泉、あたご温泉、五代温泉と10の源泉があり、登るたびに異なる温泉を楽しんで帰るハイカーも多い。そのなかで湯量の多さに驚くのは百沢温泉。一時、休業していた日帰り入浴施設も再開したほか、素泊り・湯治客も訪れる。

9

+1 プラス1コース

3ページや4ページで紹介している山については、「プラス1コース」として別のコースを紹介しています。地図（地図上では ━━、❶❷で表示）や断面図を含めて「ココがおすすめ」と思えるコースや場所を中心にまとめています。

地図の記号			
▲▲	山	🔴	国道
●	スポット	🔴	県道
♨	温泉	━	河川
∴	湿原	━	高速道路
⊓	神社	---	新幹線
卍	寺	┅┅	JR
✈	空港	━	私鉄
●	目印	🏛	道の駅

⑦ 登降イメージ
登山コースを断面でイメージした図です。歩行距離およびイメージ図は厳密に計測したものではなく、およその目安とお考えください。

⑧ 登山口情報
山中を含めてトイレの有無、駐車スペースの概ねの駐車台数、交通アクセスについて記しています。交通アクセスは、クルマ利用を中心に取り上げています。

なお、本書の情報は2024年2月現在のものです。本文中にも示していますが、東北の山はここ数年の風水害等で、一部の林道・登山道が相当に荒れています。その点をご留意ください。

青森県の山・湿原・渓流

太平洋、日本海、津軽海峡と三方を海に囲まれた青森県の山は、下北・津軽両半島と、県央南部の八甲田連峰、県西部の岩木山、白神山地に連なる山々に分けられる。

半島の山々

津軽半島は標高400〜700メートルの山稜が南北に走っているが、北端の今別川の流域には袴腰岳、横川岳など標高700メートル前後の独立峰がいくつか小突起のようにそびえ立ち、手軽なハイキングが楽しめる山域である。

一方の下北半島は、むつ市から西方は複雑に地形が入り組み、独立峰がそびえている。恐山・釜臥山一帯は観光客も多い。なお、津軽海峡が近い縫道石山など山容全体の特異な岩峰になっている山もある。

八甲田連峰

青森市の南にたおやかな稜線が広がる八甲田連峰は、春の終わりから夏にかけて湿原は高山植物に彩られる。高山植物を楽しみに日帰り登山に訪れるハイカーも多い。山麓の温泉も情緒豊かだ。

ただし、南八甲田連峰は草原・高層湿原が広がるものの、登山道が未整備なところもあり、迷いやすいところもあるので注意したい。奥深いので、中・上級者向きの山域といえるだろう。

また、八甲田連峰から十和田湖に通じる国道102号線沿いの奥入瀬渓流は、クルマで通りすぎずに、のんびりワンディハイクしてみたい渓流の小径が続く。

岩木山、白神山地

弘前市の西にそびえる津軽富士・岩木山。青森県民とって故郷の名山で、8合目までクルマで上がることもできる。四方に登山道が通じているが、西の鰺ヶ沢方面は交通が不便なこともあり、山麓から登る場合は、東麓の岩木山神社からが一般的な登山コースである。

秋田県との県境に、広大なブナの森が広がる白神山地。標高は1000メートル前後と低いが、広い山域だけに奥が深く、また世界自然遺産に登録されていることもあり、一般ハイカーは暗門滝への渓谷道、指定されたブナ林のハイキングコースを楽しむことをおすすめしたい。

▲岩木山鳳鳴ヒュッテ

津軽海峡

釜臥山 P.18
・むつ

陸奥湾

浪岡 JCT 青森東 IC
つがる柏 IC ●青森

岩木山 P.8 八甲田連峰 P.10
●弘前 上北 IC
IC 黒石

白神山地 P.13 奥入瀬渓流 P.16
○ ○ 八戸西 IC ●八戸

東北自動車道

八戸自動車道

大平洋

青森県の主な山　標高ランキング

1 岩木山（いわきさん）	1625m	6 白神岳（しらかみだけ） …… 1235m
2 八甲田山・大岳（はっこうださん・おおだけ）…	1585m	7 戸来岳（へらいだけ） …… 1159m
3 高田大岳（たかだおおだけ）	1559m	8 二ッ森（ふたつもり） …… 1086m
4 櫛ヶ峯（くしがみね）	1517m	9 釜臥山（かまふせやま） 878m
5 向白神岳（むかいしらかみだけ） ……	1250m	10 燧岳（ひうちだけ） …… 781m

津軽富士とも呼ばれる北の独立峰

岩木山
いわきさん

初級

山歩きDATA

登山シーズン

| 1 | 2 | 3 | 4 | 5 | 6 | 7 | 8 | 9 | 10 | 11 | 12 |

体力レベル　　★ ★ ★

標　　　　高	1625m
標　高　差	約350m
歩　行　時　間	約3時間
歩　行　距　離	約3.5km

岩木山観光協会

📞 0172-83-3000

▲山頂に建つ岩木山神社の奥宮

　津軽平野のなかに端正な円錐形で裾野を広げる岩木山。津軽富士として親しまれ、地元では「お山」「お岩木さま」などども言われ、現在は山麓から主に5つのコースが山頂に延びている。

　最も手軽に山頂に向かうのは、津軽岩木スカイライン（有料道路）の終点である8合目からリフトに乗り、終点から山頂をめざすコース。また、リフトに乗らず、8合目から登山道を歩いて登るハイカーも多い。

　リフト脇（8合目登山口）❶から灌木のな

▲浮き石に注意しながら山頂をめざす

か、明瞭な登山道を約40分上がると、山頂部の分岐に着く。右手はリフト終点から鳥海山へのコース。左手が山頂への道だ。

　展望のよい、ゴツゴツとした岩の稜線をひと登りすると**鳳鳴ヒュッテ❷**という文字どおり緊急避難用の小さな小屋。さらに40分ほど岩場を登れば、**岩木山山頂❸**に着く。

　山頂までの道は明瞭で迷うことはないが、岩場では浮石の思わぬ落石に注意したい。また、濃霧だと、とくに山頂部で霧に巻かれて方角を見失いがちになる。

　岩木山神社の奥宮がある山頂からの眺めは抜群で、東に八甲田連峰、その手前には弘前市街、北西には間近に鰺ヶ沢から日本海が広がり、南には白神山地の広大で重厚な山並みが横たわる。

　展望を楽しんだら下山は往路を戻る。夏期に運行されるバスで8合目まで上がってきたなら、下山は嶽温泉コース、百沢温泉コースなどを利用するのもいいだろう。

▲稜線では広い展望が得られる

登山口情報

〈トイレ〉
8合目登山口のレストハウスのほか、山麓の温泉街、温泉街を結ぶ鰺ヶ沢街道沿いに点在している

〈駐車スペース〉
8合目登山口に100台以上

〈交通アクセス〉
弘前市からは県道3号線を西へ向かうと、山麓へ

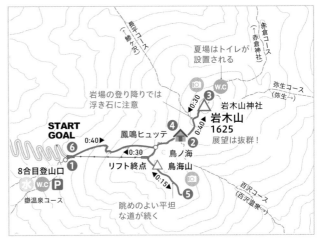

岳牛コース
（鰺ヶ沢）
赤倉コース
（赤倉神社）
弥生コース
（弥生）
夏場はトイレが設置される
岩場の登り降りでは浮き石に注意
START GOAL
0:40▶
鳳鳴ヒュッテ
岩木山神社
岩木山
1625
展望は抜群！
8合目登山口
リフト終点
鳥ノ海
鳥海山
眺めのよい平坦な道が続く
百沢コース
（百沢温泉）
嶽温泉コース

❶	❷	❸	❹	❺	❻
8合目登山口（水場）	鳳鳴ヒュッテ	岩木山山頂	鳳鳴ヒュッテ	鳥海山	8合目登山口

900m　400m　300m　400m　800m

▲8合目駐車場　　▲山頂にはトイレと社務所がある

展望抜群の鳥海山を散策

できるだけ山頂部の散策を楽しみたい人におすすめなのは、リフト終点から登山道を岩木山本峰と反対側に15分ほど歩いた鳥海山❺。ナナカマドなどの灌木の道を少し登ると鳥海山の山頂の南端で、続く平坦な道を少し歩くと、南斜面の展望も開ける。

▲鳥海山頂上付近から岩木山本峰

百沢温泉
📞 0172-83-2226

岩木山の山麓には嶽温泉郷、百沢温泉郷、羽黒温泉郷、湯段温泉郷、新岡温泉、三本柳温泉、北小苑温泉、桜温泉、あたご温泉、五代温泉と10の源泉があり、登るたびに異なる温泉を楽しんで帰るハイカーも多い。そのなかで湯量の多さに驚くのは百沢温泉。一時、休業していた日帰り入浴施設も再開したほか、素泊り・湯治客も訪れる。

湿原と鋭峰が絶妙に連なる山々

八甲田連峰
はっこうだれんぽう

中級

▲稜線から八甲田連峰の山々を望む

山歩きDATA

登山シーズン

1 2 3 4 **5 6 7 8 9 10 11** 12

体力レベル ★★★

標　　　高	1585m
標　高　差	約350m
歩　行　時　間	約4時間30分
歩　行　距　離	約7.5km

八甲田総合
インフォメーションセンター
📞 **017-764-5507**

　連なる山々と織りなす湿原、さらに冬の樹氷などで人気の高い八甲田連峰。そのなかで大岳は最もよく登られている山だ。

　登山コースはいくつもあり、湿原や山頂をどうめぐり歩くかで、同じコースでも所要時間・距離はだいぶ変わってくる。

　手軽なのは八甲田ロープウェーで山頂公園駅❶から歩くコースだ。赤倉岳❷、井戸岳などのピークに登ったり、小さく巻いたりしながら大岳避難小屋❸に着く。

　ここまでの山は、小さい頂ながらすべて

▲明るい登山道が続く

山頂を踏んでいくと登り降りがきついので、状況に応じて頂を選ぶといい。大岳避難小屋から大岳山頂❹へは30分強の登り。山頂からの眺めはよく、広がる裾野に八甲田連峰の大きさを感じるだろう。

　下山は毛無岱（けなしたい）湿原❺を経由してロープウェー山頂公園駅❻に戻る。

　初夏には高山植物を愛でながら、大岳山頂から2時間ほどで下山できる。下山して酸ヶ湯温泉に行き、ひと風呂浴びれば、温泉も楽しめる1日コースだ。

毛無岱湿原を愛でる

　稜線の登り降りがキツいと思うハイカーには、ロープウェー山頂公園駅から直接、毛無岱の湿原を訪ねるコースもおすすめ。

　ロープウェー山頂公園駅から約30分、分岐を南に毛無岱へと下ると約30分で毛無岱湿原に出る。夏季はワタスゲ、チングルマなど高山植物が咲き誇り、酸ヶ湯温泉や

▲湿原の多い山を歩く

登山口情報

〈トイレ〉
登山口のロープウェー駅のほか
避難小屋などにある

〈駐車スペース〉
八甲田ロープウェー駅前駐車
場、酸ヶ湯公共駐車場など約
300台以上

〈交通アクセス〉
青森市からは国道103号線を南
へ。雲谷高原を越えて南に走る
と、ロープウェー駅前に着く

START GOAL
八甲田
ロープウェイ
池塘が点在
0:30
のどかな道
1:00
赤倉岳
井戸岳 山頂や火口湖を
巻くように登る
0:30
毛無岱湿原
0:30 0:40
湿原池塘が
点在する
大岳
避難小屋
0:20 0:40
八甲田大岳
1585
展望のよい山頂
0:50
小岳 1:40
2:00
高田大岳
1559
仙人岱湿原
1:30
仙人岱避難小屋
START・GOAL

① 山頂公園駅（水場） — 2.6km — ② 赤倉岳 — 1km — ③ 大岳避難小屋 — 660m — ④ 大岳山頂 — 1.5km — ⑤ 毛無岱湿原 — 2.2km — ⑥ 山頂公園駅

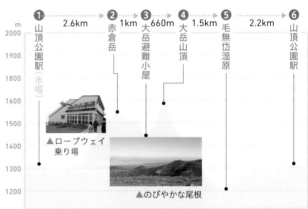

▲ロープウェイ
乗り場

▲のびやかな尾根

大岳へ向かう登山道も通じている。
　なお、湿原から大岳避難小屋までは、約1
時間足らずの登りとなる。

+1 プラス1コース　　上級

酸ヶ湯温泉から高田大岳を
往復して周回する

　酸ヶ湯温泉から仙人岱を経て高田大岳を
往復、さらに大岳に登り、毛無岱の湿原をめ
ぐって酸ヶ湯温泉に下山する周回コースも、
変化に富みハイカーに人気のコースだ。
　登山口は酸ヶ湯温泉からカーブを登った
広い酸ヶ湯公共駐車場①から。広いゆるや

かな道を登り、火山ガスに立ち枯れた林を
左手に見て、眺めのよいところに出ると、眼
下に地獄湯の沢を見下ろす。
　しばらく歩くと地獄湯の沢を渡り、火山
ガス噴出地帯を抜ける。火山ガス噴出地帯
は5〜10分ほどなので、立ちどまらず足早
に登っていこう。

▲火山ガス噴出地帯を歩く

▲八甲田大岳の山頂

▲仙人岱湿原の水場

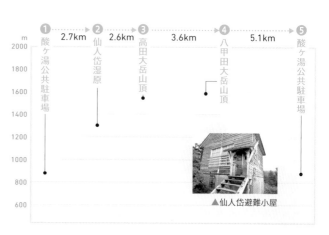

①		②		③		④		⑤
酸ヶ湯公共駐車場	2.7km	仙人岱湿原	2.6km	高田大岳山頂	3.6km	八甲田大岳山頂	5.1km	酸ヶ湯公共駐車場

m
2000
1800
1600
1400
1200
1000
800
600

▲仙人岱避難小屋

　道は地獄湯の沢の源頭近く、湿原地帯の様相になり、木道に変わり、徐々に開けてくる。仙人岱湿原❷だ。登山口からここまでは１時間30分程度。それほど大きな湿原ではではないが、綺麗な水場もある。仙人岱湿原の分岐を右手に３分ほど歩くと仙人岱避難小屋に着くので、天候がよくないときには立ち寄ってもいい。

　仙人岱湿原の分岐から湿原を少し歩くと小岳分岐に着く。右手に小岳に向かっていけば、高田大岳への道だ。

　高田大岳に登るには、仙人岱から針葉樹林や高山帯の稜線に続く登山道を往復３〜４時間はみておきたい。

　ところどころぬかるみ、ヤブっぽいところはあるが、登山道は明瞭なので早朝に登り始めた場合は十分に往復できる。

　高田大岳山頂❸からは、南八甲田連峰の山並みを一望できる。西に、歩いてきた仙人岱湿原からの距離の長さを実感できるだろう。なお、高田大岳からは山麓の谷地温泉へ下る道があるが、少し荒れている。

　仙人岱近くの小岳分岐まで戻り、右手に八甲田大岳をめざそう。道は湿原地帯からやがて灌木の樹林帯に入り、森林限界を越えると展望のよいジグザグの急登になる。風の強いとき、視界の利かないときは吹き

さらしなので、無理をしないようにしたい。

　小岳への分岐から１時間足らず登ると、八甲田大岳山頂❹に着く。四方に飽くことのない展望が広がる。

　下山は北へ20分ほど下ると大岳避難小屋に着き、左手に毛無岱湿原へと向かう。道の先には大きな湿原地帯が広がるプロムナードコースだ。木道が続くなか、展望所などもあるので、心ゆくまで池塘の広がる湿原の絶景を楽しみたい。

　展望所から１時間ほど、城ヶ倉分岐を経て山腹のトラバース道を歩くと、酸ヶ湯温泉に着く。酸ヶ湯公共駐車場❺は、温泉から5分ほど登ったところだ。

立ち寄りスポット

酸ヶ湯温泉
📞 **017-738-6400**

国民保養温泉地第１号の酸ヶ湯温泉。江戸時代から300年以上の歴史を持ち、いまも多くの行楽客、湯治客を迎えている。日帰り入浴では、酸ヶ湯温泉旅館の「ヒバ千人風呂」がいい。その広さは圧巻だ。

世界遺産のブナの森が身近になった

白神山地（暗門滝）
しらかみさんち・あんもんたき

中級

▲峡谷に沿った断壁の道を歩く

山歩きDATA

登山シーズン

| 1 | 2 | 3 | 4 | 5 | 6 | 7 | 8 | 9 | 10 | 11 | 12 |

体力レベル　★★★

標　　　高	約350m
標　高　差	約150m
歩　行　時　間	約3時間
歩　行　距　離	約6km

白神山地ビジターセンター

☎ 0172-85-2810

　青森県と秋田県の県境に広がる白神山地には、白神岳を盟主として、崩山、天狗岳、田代岳などの標高1000メートル内外の山々が連なる。ここでは、その山々の懐に深く刻まれた暗門川の暗門滝コースを紹介する。

　暗門滝へのコースは白神山地の登山道のなかでも、多くのハイカーが訪れる渓谷の遊歩道だ。暗門大橋のそばにあるアクアグリーンビレッジＡＮＭＯＮ❶にクルマを置き、暗門大橋から遊歩道を歩く。遊歩道入口では入山料を支払うほか、ヘルメットをレンタルする。遊歩道入口にある水場を抜け、渓谷沿いを行く。

　右岸（上流に向かって左側）にある歩道は、やがて左岸に渡り、以後はおおむね左岸に沿うように延びる。渓谷の道も道標も明瞭で迷うところはないが、時期が早いと雪が残る。両岸が狭まるところでは、岩場をすり抜けるように道が延びている。

　右岸に渡り、岩場の道を抜け、入口から歩くこと約50分で暗門第３の滝❷につく。深い峡谷のなか、轟音と水しぶきに多くのハイカーが歓声を上げる。

　ここからは滝を巻く遊歩道を登るごとに、暗門第２の滝❸、第１の滝❹を迎える。だが、第１の滝は危険もあり、ガイドと一緒でないと行けないようになっている。現在は第２の滝が一般ハイカーの終点である。

　白神山地の山懐に抱かれたいくつかの名瀑の姿と、ここまでたどりついた喜びに、感

▲コース入り口の水場

▲暗門第２の滝でひと休み

13

白神山地

▲木漏れ日を浴びる森林浴の道

登山口情報

〈トイレ〉
アクアグリーンビレッジANMON
渓谷道入口にある

〈駐車スペース〉
アクアグリーンビレッジANMON
に50台以上

〈交通アクセス〉
弘前市からは県道28号線を西
へ西目屋村へ。美山湖畔をすぎ
て、さらに奥へ進むと暗門大橋
に着く

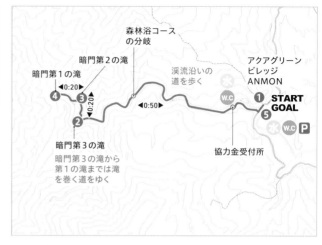

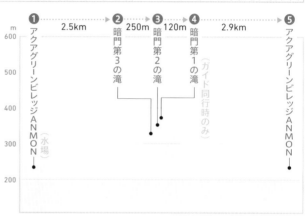

慨ひとしおだろう。
　下山は往路を第3の滝からアクアグリー
ンビレッジANMON ⑤ へと戻る。

＋1 プラス1コース　初級
ブナの森をめぐり、森林浴を楽しむ

　暗門滝コースの入口から、滝に向かう
コースとは別に、ブナ林の散策コースもあ
る。散策道を1周すると、約1時間だ。深い
ブナの森の散策道は、とくに新緑・紅葉の頃
はハイカーの目や心を和ませてくれる。

　暗門の滝を訪ねた足で、森林浴コース（世

▲深い森と野鳥のさえずりが心地よい

▲暗門川を渡り、森林浴コースへ

協力金受付所

森林浴コース
の近道

森林浴コース
の分岐

ブナをはじめ、トチノキ、
ホオノキなどの森の道

▲小さな沢の横を歩く

界遺産の径・ブナ林散策道コース）をまわる場合、暗門川に沿った広い道を暗門の滝から30分ほど下ると、暗門川を渡る分岐と道標があり、橋を渡った先が森林浴コースだ。最初の10分、20分はブナの森の急登が続くが、小さな尾根を越えると、暗門川に沿ったなだらかな道になる。

　眼下に暗門川を見下ろせるところもあるが、周囲はブナの大木に囲まれ、新緑や紅葉の時期はひときわ美しい。

　時折、すれ違うハイカーのほかは会う人も少なく、静寂に包まれている。それだけに毎年、クマの出没情報もあるので、熊鈴を鳴らして歩くようにしたい。

　森林浴の道は暗門川の分岐から30分足らずで二手に分かれる。どちらも暗門大橋近くの登山口に戻れるので、右手、遠回りをしてのんびり歩いていこう。

　小さな谷筋を抜け、小尾根を越えていけば、森閑とした森の中、小さな水場がある。ゆるやかに下っていくと、標高の低いところを通るコースに戻る。あとは、ゆっくりと下り、少し木道を歩くと、暗門大橋の近くにある協力金受付所とトイレに着く。

　森林浴コースは1時間程度でまわってこ

られるが、ゆっくり歩くと2時間くらいかかる。アクアグリーンビレッジANMONに着くと、人の多さにびっくりするくらいだ。

　なお、周辺には、この森林浴コースのほかにも、マザーツリーを通る高倉森コースなどもある。

　だが、マザーツリー近くの津軽峠を越える白神ラインが閉鎖されていることもあるので、事前にアクアグリーンビレッジANMONなどに確認したい。

▲白神山地のブナ林

立ち寄りスポット

アクアグリーンビレッジANMON
📞 0172-85-3021

アクアグリーンビレッジANMONは白神山地の登山拠点。宿泊施設のほか、物産センター、オートキャンプ場などがそろっている。
山奥に向かう林道の土砂崩れなどによる閉鎖状況、クマの出没情報のほか、残雪期の登山道の開通情報の確認なども可能だ。

小滝と早瀬が織りなす渓流美

初級

奥入瀬渓流

おいらせけいりゅう

▲初秋の奥入瀬渓谷

山歩きDATA

登山シーズン

| 1 | 2 | 3 | 4 | 5 | 6 | 7 | 8 | 9 | 10 | 11 | 12 |

体力レベル ★ ★ ★

標　　　　高	約400m
標　高　差	約130m
歩 行 時 間	約2時間40分
歩 行 距 離	約8.5km

十和田湖国立公園協会

☎ 0176-75-2425

　青森県と秋田県の県境にある十和田湖。奥入瀬渓流は、その十和田湖から太平洋に注ぐ奥入瀬川の上流にある。渓流沿いには国道102号線が通るが、遊歩道が整備され、ハイカーをはじめ観光客も多く訪れる。

　とくに十和田湖畔の子ノ口から石ヶ戸までは優美な景観が続くので、ゆっくり歩いてみてもいいだろう。

　コース起点は十和田湖畔の子ノ口❶から。渓流に沿った遊歩道を下っていくと、約30分で銚子大滝❷に着く。奥入瀬渓流のなかで唯一、本流にかかる幅広の瀑布だ。

　遊歩道をさらに下流に向けて下りていくと、トチノキやカツラ、サワグルミなどの木々の間に、支流からいくつもの小さな滝が落ちているのが見られる。このあたりの景観は、一目四滝と呼ばれている。一目四滝から1時間足らず歩くと、右手（右岸）の枝沢の先に、大きな滝が見える。雲井の滝❸だ。

　滝見物をしたあとは、さらに本流沿いの遊歩道を下ると、阿修羅の流れと呼ばれる奥入瀬を代表する地点に着く。森の木漏れ日のなかを早瀬の織りなす渓谷美を迎える。

　阿修羅の流れから約30分で、石ヶ戸休憩所❹。遊歩道は、この先の下流、十和田温泉郷のある焼山へと続く。戻りは往路を戻ってもよく、途中で子ノ口に向かうバスに乗ってもよいだろう。

▲本流は苔むした早瀬の連続

▲岩壁に隠れた雲井の滝

16

▲十和田湖畔の子ノ口の秋

登山口情報

〈トイレ〉
子ノ口、石ヶ戸にある

〈駐車スペース〉
子ノ口、石ヶ戸にある
子ノ口と石ヶ戸にそれぞれ10
台以上

〈交通アクセス〉
青森市からは国道103号線を
南へ、八甲田の山麓を抜けると
102号線に、奥入瀬渓流の下流
の焼山・十和田温泉郷に着く

石ヶ戸休憩所 **④ GOAL**
W.C 水 P

国道102号線に
沿った渓流の散
策道

③ 雲井の滝

④から①に戻る
場合は3時間近
くかかる

渓流の両岸から
滝が落ちている

十和田湖

② 銚子大滝

START ① 子ノ口 W.C 水 P

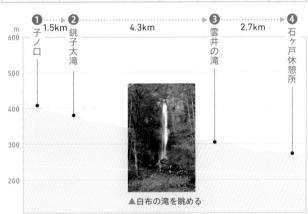

▲白布の滝を眺める

湖畔の十和田山へ！

　周辺の山に登るなら、十和田山が近い。
　子ノ口の南、宇樽部から登山道が延びて
いる。森のなかを約2時間足らず歩くと山
頂に着く。山頂からは、木の間越しに十和
田湖や周囲の山々が見える。

▲十和田湖畔から十和田山を望む

立ち寄りスポット

石ヶ戸休憩所
📞 **0176-74-2355**

奥入瀬渓流の散策の拠
点として、駐車場、トイ
レのほか、軽食、売店な
どの施設がある。
なお、石ヶ戸の下流、十
和田湖温泉郷にある奥
入瀬渓流館では、レン
タサイクルも用意され
ている。国道102号線
をサイクリングするの
もいいだろう。

下北半島・むつ市街を見渡す好展望台

釜臥山
かまふせやま

初級

山歩きDATA

登山シーズン

| 1 | 2 | 3 | 4 | 5 | 6 | 7 | 8 | 9 | 10 | 11 | 12 |

体力レベル　★　★　★

標　　　高	878m
標 高 差	約100m
歩 行 時 間	約50分
歩 行 距 離	約1km

むつ市観光協会

📞 0175-23-1311

▲陸奥湾から眺める釜臥山

　釜臥山は下北半島のむつ市の西方にそびえる円錐の独立峰である。

　海岸近くから登る登山道もあるが、山頂直下の駐車場までクルマで上がり、展望を楽しんでくるハイカーも多い。

　むつ市を見下ろせる釜伏山展望台駐車場❶にクルマを置き、自衛隊専用の舗装路を離れて山頂に向かう遊歩道を登っていく。周囲は灌木帯や草原が広がっているので、眼下にむつ市を眺めながらの快適な登りだ。

　ただ、気をつけたいのは東北地方でも半島の海沿いに位置する山のため、海からの風が強い日が多いこと。突風の吹く日は

立っていられないこともある。

　約500メートル、30分ほどの灌木と草原のなかを登ると、山麓からも遠望できるレーダー基地のある釜臥山山頂❷に着く。

　兵主神社の奥宮などの信仰の名残りがあるお堂が立つ山頂からは、むつ市の市街地や下北半島を望み、眼下には大湊港や陸奥湾が一望できる。ちょっとレーダー基地がじゃまにはなるが、風が弱い日にはお弁当を広げてのんびりできるところだ。

　山頂直下の駐車場までタクシーで登ってきたりしたなら、下山は釜臥山スキー場から海岸に沿う国道338号線に急坂を下るのも展望がよくおすすめだ。

　山頂直下には岩場や浮き石も多いが、春から初夏にはシラネアオイなどの植物が咲き誇り半日ハイクを楽しめる。

　クルマを駐車場に置いてきたなら、往路を釜伏山展望台駐車場❸戻ろう。下北半島北部の標高500メートル前後の山々が、広

▲不釣り合いに大きいレーダー基地がある山頂

▲山頂付近からむつの市街地を見下ろす

登山口情報

〈トイレ〉
展望台駐車場にある

〈駐車スペース〉
展望台駐車場に約30台

〈交通アクセス〉
むつ市からは県道4号線を西へ。途中の3差路を左手に。あとは道なりに釜臥山方面へと登っていく

↑恐山へ

北国岳

自衛隊専用道路

ゲート

展望台からはむつ市街が一望のもと

START GOAL ③ ❶ w.c 水 P

0.30
0.20

すがすがしい草原の道。風に注意

大きなレーダー基地がある山頂

② 釜臥山 878

毛無山

釜伏山スキー場を経て大湊方面へ

❶ 釜臥山展望台（水場）   400m   ② 釜臥山山頂   400m   ③ 釜臥山展望台

m		
1100		
1000		
900		
800		
700		

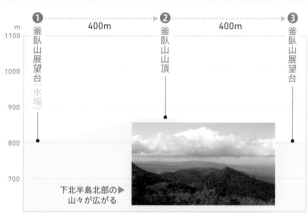

下北半島北部の山々が広がる

がり、独得の山岳景観を望むことができる。

3大霊場の恐山を散策する

釜臥山展望台の駐車場からクルマで約10キロ足らず走ったところにあるのが恐山。滋賀県の比叡山、和歌山県の高野山と並び、日本を代表する3大霊場の1つだ。釜臥山からの下山の際に時間があれば、ぜひ立ち寄って霊場周辺を散策してみたい。

霊場のそばにある大尽山に抱かれた宇曽利湖があり、神秘的な雰囲気が漂う湖畔を1周する遊歩道もある。

霊場はひと回りすると、ゆっくり見てまわって40分から1時間程度だ。

立ち寄りスポット

釜臥山展望台
📞 **0175-23-1311**（むつ市観光協会）

登山口にある展望台は、じつは絶好の夜景ポイントでもある。夜景では、むつの市街地の灯りが、蝶が羽根を広げたようにも見え、日本夜景遺産にも選定されている。夕方に山を散策し、夜景を眺めるのもよい。展望台の開館時間は8:30～21:30。開館日は6月上旬～11月上旬。入館料は無料。

岩手県の山・湿原・渓流

広大な面積を持つ岩手県の山は、北上川の東部と西部に大別できる。北上川の東部は北上高地と呼ばれ、北上川の西部は奥羽山脈が連なり、秋田県と接している。

北上高地

　標高500メートル～1000メートル前後の山々が延々と続く北上高地。その主峰はハヤチネウスユキソウで有名な早池峰山。河原坊からコメガモリ沢を直登する道では数か所崩落の危険があり、通行禁止になっている。

　なお、北上高地にはそのほかにも高原・牧草地が広がる七時雨山、室根山、優美な山容を見せる姫神山、三陸の海岸線を眼下に望む霞露ヶ岳など個性的な山も多い。

　冬の寒さは厳しいが、雪の多い地域ではないので、初冬や早春に、標高の低い山にワンディハイクもいいだろう。

　山頂付近まで林道の通じている山も多いが、林道にゲートがあり立入り禁止になっていたり、冬は除雪されなかったりするところがあるので、登山をする際には、地元の自治体に確認したい。

奥羽山脈

　青森県から福島県の脊梁山脈として連なる奥羽山脈。岩手・秋田県境には八幡平、岩手山、和賀岳、真昼岳、焼石岳、栗駒山など、山麓に秘湯があり、山懐はブナ林や針葉樹林に包まれ、山頂部は高山植物が咲き誇る名峰が多い。

　岩手山は2000メートル級の独立した火山だが、他はいずれも標高が1500メートル内外であり、日帰りで訪ねることができる山や湿原、渓流も多い。ただし、標高は高くないといっても、山懐は深く、最近はクマに遭遇する危険も多いので、用心して登るようにしたい。

　また、奥羽山脈の岩手県側は秋田県側に比べ雪が少ないためか、比較的、山奥まで林道が延びているが、その林道の通行止めなどもないわけではない。事前の確認は重要だが、そうした林道を有効活用すると日帰りハイクの幅も広がる。

▲早池峰山から薬師岳を望む

▲姥石平からの焼石岳山頂

岩手県の主な山 標高ランキング

1 岩手山
（いわてさん）・・・・・・・・・・・・・・・ 2038m

2 早池峰山
（はやちねさん）・・・・・・・・・・・・・ 1917m

3 薬師岳
（やくしだけ）・・・・・・・・・・・・・・・ 1645m

4 栗駒山
（くりこまやま）・・・・・・・・・・・・・ 1626m

5 八幡平
（はちまんたい）・・・・・・・・・・・・・ 1613m

6 茶臼岳
（ちゃうすだけ）
・・・・・・・・・・・・・・・・・ 1578m

7 焼石岳
（やけいしだけ）・・・・・・・・・・・・・ 1547m

8 大深岳
（おおふかだけ）・・・・・・・・・・・・・ 1541m

9 乳頭山
（にゅうとうざん）
・・・・・・・・・・・・・・・・・ 1478m

10 和賀岳
（わがだけ ）・・・・・・・・・・・・・・ 1439m

▲八幡平の湖沼

山上の湖沼と池塘を散策する

八幡平
はちまんたい

初級

▲展望台からは八幡沼が大きい

山歩きDATA

登山シーズン

1 2 3 4 5 6 7 8 9 10 11 12

体力レベル	★ ★ ★
標　　高	1614m
標 高 差	約200m
歩 行 時 間	約3時間30分
歩 行 距 離	約8km

八幡平市観光協会

☎ 0195-78-3500

　岩手県と秋田県の県境に広がる八幡平は、日帰りの散策から宿泊の縦走など、さまざまなコースが楽しめる山域だ。

　山中や山麓にも温泉が多く、登山後の疲れをいやすにも場所を選ばない。

　ここでは、手軽な黒谷地近くの駐車スペースから八幡沼を1周するコースを紹介する。

　黒谷地近くの駐車場❶にクルマを置き、20分ほど登ると、登山道は八幡平山頂に向かうコースと茶臼岳に向かうコースに分かれる。黒谷地湿原と呼ばれるところで、ひと休みして分岐を西に1時間ほど源太森を

▲湖畔の湿原の木道を歩く

越えて歩いていくと、八幡平を代表する湖沼の八幡沼❷に着く。

　ツガなどの針葉樹の森と湿原、池塘が広がる絶景の平坦地。木道をゆっくり歩いて、八幡沼の1周は30分ほどだ。沼の畔には陵雲荘と呼ばれる立派な避難小屋や八幡沼展望台がある。展望台からは、眼前には八幡沼から東に茶臼岳方面など、どこまでもたおやかな山並みが広がっている。

　八幡平山頂❸に登ってみよう。山頂には立派な展望台もあるが、平らな地形が続いて山頂らしくはないので、ちょっと拍子抜けしてしまうかもしれない。

　帰路は、ガマ石などを眺めながら登山道を30分も下っていけば、山頂レストハウスの駐車場にたどり着く。その後は1時間少々八幡平アスピーテラインを歩けば黒谷地バス停近くの駐車場に戻れる。もちろんレストハウス前から黒谷地バス停まで、バスに乗ることもできる。

▲明瞭な登山道を行く

登山口情報

〈トイレ〉
山頂レストハウス、陵雲荘などにある

〈駐車スペース〉
黒谷地バス停近くの駐車場に10台ほど

〈交通アクセス〉
盛岡市からは東北自動車道松尾八幡平ICを降り、県道45号線、八幡平アスピーテラインを上る

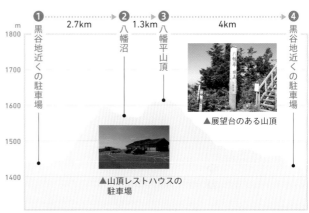

▲山頂レストハウスの駐車場

▲展望台のある山頂

2.7km　1.3km　4km

蓬莱境探勝路を歩く

　八幡平一帯は、畚岳、茶臼岳など各駐車場から1〜2時間で登って下りてこられる山や湿原がたくさんある。

　そのうち秘沼としておすすめなのが、畚岳の東、標高1400メートルの高所にある藤七温泉に近い蓬莱沼の周回だ。

　秘湯として知られる藤七温泉でひと風呂浴びるときなどに、探勝してくるといいだろう。ただし、クマ出没に用心したい。

▲藤七温泉の先に岩手山を望む

立ち寄りスポット

八幡平ビジターセンター
📞 0186-31-2714

八幡平の山腹、後生掛温泉そばにある八幡平一帯の秋田県側の登山情報発信拠点。センター内には動植物などの各種の展示物のほか、八幡平に関連する図書資料なども豊富に揃えている。ビジターセンターを見学して後生掛温泉につかるのもいい。

東北を代表する名山を堪能する

岩手山
いわてさん

上級

山歩きDATA

登山シーズン

1	2	3	4	5	6	7	8	9	10	11	12

体力レベル	★★★
標　　　高	2038m
標　高　差	約1400m
歩　行　時　間	約8時間
歩　行　距　離	約11km

滝沢市役所経済産業部観光物産課

☎ 019-656-6534

▲八幡平から裏岩手を望む

　「南部片富士」の名で知られる東北の名峰・岩手山。柳沢コース、御神坂コース、網張コース、七滝コース、焼走りコースなど、四方八方からコースが延びている。

　そのうち柳沢コースは、早朝発の日帰りで登れるコースの1つとして、多くのハイカーに利用されている。

　旧道と新道2つのコースが並び、天候などの状況によって選ぶこともできる。

　展望のよい旧道を登り、森のなかの新道

▲山頂からは不動平避難小屋が見える

を下るコースを紹介する。馬返しキャンプ場❶から登り始める。登山道は3合目から旧道と新道が分かれ、向かって左手が旧道だ。登るほどに眼下に展望が広がり、山頂部の一角の鉾立（7合目）❷に着く。ここから、8合目や不動平❸の避難小屋を通り、不動平の分岐から砂礫の道を岩手山山頂❹のお鉢めぐりに向かおう。お鉢めぐりは不動平から1周1時間半ほどはかかる。

　下りは往路の柳沢コースの新道を下る。旧道よりガレ場の少ない樹林帯。鉾立から2時間半ほどで馬返しキャンプ場❼に着く。

県民の森で森林浴

　県民の森は、八幡平山麓・八幡平温泉郷から上がる七滝コースの登山口に広がる森。キャンプ場や森林学習施設など各種施設があり、ブナやミズナラの森林浴コースが開かれ、手軽に散策できる。

　ちなみに、この県民の森から岩手山へは、

▲開けた山頂周辺は濃霧に注意

登山口情報

〈トイレ〉
馬返しキャンプ場のほか、山頂部の避難小屋にある

〈駐車スペース〉
馬返しキャンプ場前駐車場などに100台以上

〈交通アクセス〉
盛岡からは東北自動車道滝沢ICを出て、西へ県道278号線を経て馬返しキャンプ場に

焼走コース

不動平からお鉢めぐりは
1周約1時間半。展望はよいが風の強い日は注意

岩手山
2038

4　0:50
0:40　0:30
0:30
5　W.C　6
3　新道
不動平　2　樹林帯の坂
不動平避難小屋　旧道　2:30
露岩の多い道　3:30
8合目避難小屋

← 鬼ヶ城へ
御神坂コース

START
GOAL
馬返しキャンプ場　1　7
W.C　水　P

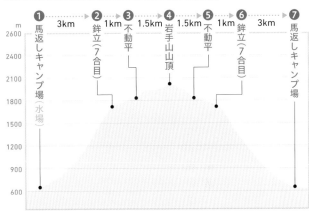

① 馬返しキャンプ場（水場）
3km
② 鉾立（7合目）
1km
③ 不動平
1.5km
④ 岩手山山頂
1.5km
⑤ 不動平
1km
⑥ 鉾立（7合目）
3km
⑦ 馬返しキャンプ場

山頂部の避難小屋に宿泊し、1泊2日で山頂に向かう登山者が多い。

そのほか焼走りから岩手山頂に登る焼走りコースも日帰り可能だが、10時間くらいかかる健脚向きコースだ。

なお、盛岡方面に戻るなら、県道219号線沿いの小岩井農場を訪ねるのもいいだろう。近代酪農発祥の地である。

▲お鉢めぐりから西側に広がる雄大な眺め

立ち寄りスポット

焼走りの湯（岩手県焼走り国際交流村）
📞 **0195-76-2013**

岩手山麓にいくつかある立ち寄り温泉の一つ。岩手山山頂までよく見える奇勝・焼走りの溶岩流散策路に立ち寄って、そのあと、登山の汗を流すのもおすすめ。食堂もあるので登山後の温泉、夕食を楽しむのもいいだろう。

岩手山麓の焼走り溶岩地帯

岩手・宮城・秋田の3県にまたがる名峰

栗駒山
くりこまやま

（岩手県側のコース）

中級

山歩きDATA

登山シーズン

1 2 3 4 5 **6 7 8 9 10** 11 12

体力レベル ★★★

標　　　高	1626m
標　高　差	約500m
歩　行　時　間	約4時間30分
歩　行　距　離	約8km

一関市役所観光物産課

📞 **0191-21-2111**

▲須川温泉から見上げる栗駒山

　岩手・秋田・宮城3県にまたがる栗駒山塊。登山道も3県から延びているが、ここでは岩手県・須川温泉からのコースを紹介する。

　湯煙の立ち上る須川温泉❶から石の敷き詰められた明瞭な登山道を登っていく。約15分、登り切ったところに広がる湿原が名残ヶ原❷だ。

　ワタスゲなど高山植物を愛でながら木道を進み、その先で沢を渡り、自然観察路をゆっくり登っていくと、産沼の分岐がある。

　左手は笊森方面に向かって山頂に登る道、右手が山頂に直接向かう道である。

▲名残ヶ原の奥にそびえる岩山

　右手に入り山頂に向かうと、登るほどに展望が開け、産沼の分岐から約1時間で栗駒山山頂❸に着く。天候のよい休日は、たくさんのハイカーが弁当を広げている。

　下山は山腹の火口湖、昭和湖❹を訪ねてみよう（湖周辺の火山ガス濃度が高いなどの理由で、通行止めになっていることもある）。山頂を西へ稜線を20分ほど歩けば湯川分岐。その分岐を右手に降りていけば、30分ほどで昭和湖の畔に着く。

　一帯はイワカガミなどの高山植物がみごとだ。ひと休みして、硫黄分の流れるゼッタ沢沿いの道を下ると、昭和湖から30分ほどで名残ヶ原❺に戻る。あとは、往路をたどれば須川温泉に着く。

昭和湖の火山景観を探訪

　栗駒火山には数多くの湖沼があるが、なかでも昭和湖は火山景観に優れているところだ。立入禁止になっていなければ、ぜひ

▲名残ヶ原の木道を歩く

登山口情報

〈トイレ〉
須川高原温泉にある

〈駐車スペース〉
須川高原温泉前の駐車場に100
台以上など

〈交通アクセス〉
一関市方面からは、東北自動車
道の一関 IC を下り、国道342号
線を西へ登っていくと、須川温
泉に着く

名残ヶ原湿原
産沼の分岐
START
GOAL
木道が
延びる
山腹の
トラバース道
笊森方面へ→
昭和湖
高山植物の咲く
気持ちよい道
なだらかな稜線
濃霧に注意
このコースは立ち入り禁止
になっていることがある
栗駒山
1626
天馬尾根コース

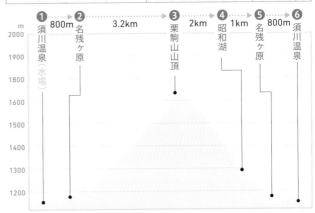

昭和湖周辺だけでも訪れてみたい。

　栗駒山の稜線は優美に広がっているが、
昭和湖の周りは厳しい岩壁に包まれ、その
岩壁が乳白色の湖面に映る。

　須川温泉からだと名残ヶ原を経て2時間
ほどで往復できるので、ここまでは、雪が融
けた晩春から秋にかけて、ハイカーだけで
なく多くの観光客も訪れる。

▲静まりかえる昭和湖畔

立ち寄りスポット

須川高原温泉
📞 0191-23-9337

栗駒山をめぐる温泉の一つ。標高1126（イイ
フロ）メートルにあり、湯治場として300年以
上親しまれた源泉には湯煙がたち込め、一帯
の須川高
原には須
川湖のほ
か、宿泊施
設やキャ
ンプ場な
どもそろ
っている。

+1 🚶 プラス1コース（宮城県側のコース）

いわかがみ平から登り中央コースを周回する

中級

▲いわかがみ平から望む栗駒山

山歩きDATA

登山シーズン

| 1 | 2 | 3 | 4 | 5 | 6 | 7 | 8 | 9 | 10 | 11 | 12 |

体力レベル　★★☆

標　　　　高	1626m
標　高　差	約510m
歩　行　時　間	約4時間
歩　行　距　離	約6.5km

栗駒市観光物産協会

📞 **0228-25-4166**

　岩手・宮城県境に大きな裾野を広げる栗駒山。その宮城県側からの最もメジャーなコースが、いわかがみ平から東栗駒山に登り、栗駒山山頂を経て中央コースを下る周回だ。

　広いいわかがみ平駐車場❶からレストハウスを左上に見て、東栗駒山に向かうコースを登る。50分ほど登ると、新湯沢のナメに出会う。ナメに沿って少し歩き対岸に渡るが、この一帯がこのコースの難所といえば難所。ヒタヒタと水の流れる美しいナメの脇を登っていくのは楽しいものの、特に天候の悪い日は滑り落ちないように注意したい。

▲ナメ沢の脇を登り、対岸に渡る

　新湯沢を渡り、尾根に登ると、より展望も開けてくる。平坦になったところ

▲山頂直下の木段の道

が東栗駒山❷。のんびりと一休みしたい。

　北西の目の前に尾根を広げるのが栗駒山の山頂だ。道はナメの続く新湯沢を大きく囲むようにたおやかに伸びている。初夏には高山植物が、秋には紅葉がひときわ美しい山上の別天地だ。

　東栗駒山から30分ほどで裏掛コースの細い道の分岐を見て、さらに30分ほどで、下山する中央コースの分岐に着く。

　その分岐から10分ほど階段上の道を登っていくと、栗駒山山頂❸に着く。

　特に紅葉期の休日は多くのハイカーで賑わっている。休憩するなら、少しだけ西に

▲中央コースの石を固めた道

登山口情報

〈トイレ〉
いわかがみ平にある

〈駐車スペース〉
いわかがみ平駐車場に100台以上。紅葉期は混雑する

〈交通アクセス〉
一関市方面からは、東北自動車道一関ICを降り、国道457号線、県道42号線を西へ登っていくといわかがみ平に着く

中央コースの分岐
◁0:50
草稜が続く
③ 栗駒山 1626
② 東栗駒山
1:30
1:30
ナメ沢を渡渉
START GOAL
① いわかがみ平
④
W.C　P

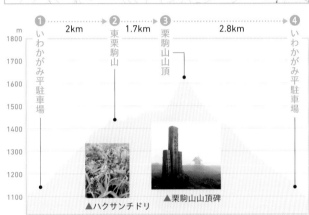

①	②	③	④
いわかがみ平駐車場	2km 東栗駒山	1.7km 栗駒山山頂	2.8km いわかがみ平駐車場

▲ハクサンチドリ

▲栗駒山山頂碑

天狗平方面に歩いたところが静かでいい。

展望を楽しみ、中央コースへ

　下山は山頂から南へ中央コースを下っていく。山頂からいわかがみ平へはゆっくり歩いて1時間半ほどだから、展望を楽しみながらのんびりと下ろう。

　とくに、途中から石がコンクリートに固められたような道になり、これが結構、下山の足に堪える。滑りやすい靴を履いていると、思わぬところで足を滑らせて痛い思いをすることになるかもしれない。

　終始、明るい尾根道を下るといわかがみ平駐車場④に着く。

立ち寄りスポット

山脈ハウス
📞 080-2816-9478

いわかがみ平からクルマで数分だったところにあるのが山脈ハウス。
大きな風呂ではないが、立ち寄り入浴を受け付けているので、ひと風呂浴びて身体を休めるのもいい。

高山植物が咲き誇る広い山頂

焼石岳
やけいしだけ

中級

▲稜線から眺める焼石岳の広大な山容

山歩きDATA

登山シーズン

1 2 3 4 5 **6** 7 8 9 10 11 12

体力レベル	★★★
標　　　　高	1548m
標　高　差	約820m
歩 行 時 間	約7時間
歩 行 距 離	約14km

焼石観光開発連絡協議会

📞 **0197-46-2111**

　焼石岳は山頂一帯に高山植物が咲き誇る岩手県を代表する秀峰の一つで、四方から登山道が通じている。その登山道のうちよく登られているのは、中沼、上沼などの湖沼をめぐり高山植物も多い中沼コースだ。

　中沼登山口❶からブナの樹林帯を登ること40分ほどで中沼❷の畔に着く。

　中沼から樹林帯をさらに1時間強登ると銀明水避難小屋❸に着く。途中、ところどころ残雪が遅くまで残るくぼ地があり、濃

▲山頂からの大展望

霧に包まれた日には迷いやすいので注意したい。銀明水避難小屋でひと休みして、1時間ほど登ると、泉沼の分岐だ。初夏にはハクサンイチゲ、ハクサンフウロなどの高山植物が咲き誇る別天地だ。

　焼石岳山頂❹へは分岐からまっすぐに登ると30分足らずで着く。東焼石岳、山頂北の焼石神社を経由して登ると1時間足らずで着く。天候のよい日には、まず山頂に登り、下山の際に時間を見て焼石神社、東焼石岳を回ってくるハイカーも多い。

　山頂からの展望は抜群で、高山植物の咲き誇るゆるやかな山頂部の先に、四方の大きな羽を広げたような焼石連峰の山容を眺めることができる。

　下山は往路を銀明水避難小屋❺、中沼❻、中沼登山口❼へと戻る。

中沼でのんびりと

　山頂まで登るのは厳しいと感じるハイ

▲秋にはナナカマドも

登山口情報

〈トイレ〉
起点となる中沼登山口のほか、
銀明水避難小屋にある

〈駐車スペース〉
中沼登山口に約40台

〈交通アクセス〉
奥州市からは東北自動車道水沢
ICで降り、国道397号線を西へ。
尿前で右折し、林道を上がる

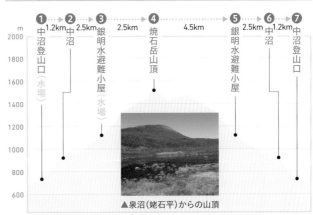

▲泉沼(姥石平)からの山頂

カーは、中沼あたりまでの散策でも、深いブ
ナ林の道を堪能できる。
　中沼の一帯には、初夏ならリュウキンカ
やミツガシワなど湿原の植物が咲き、きれ
いなお花畑となっている。

▲中沼でのんびりとしたい

立ち寄りスポット

夏油(げとう)温泉
📞 090-5834-5151

焼石岳山麓の温泉でぜひ訪れたいのは夏油温
泉。自炊棟の部屋、露天風呂が並び、秘湯の雰
囲気を醸し出している。温泉の奥にある石灰
華と呼ばれる天然記念物も、時間があれば、道が通行できるか確認して立ち寄ってみたいところだ。

ブナの森と個性的な滝を擁する山

女神山
めがみやま

中級

▲女神山の山深くにある降る滝

山歩きDATA

登山シーズン

| 1 | 2 | 3 | 4 | 5 | 6 | 7 | 8 | 9 | 10 | 11 | 12 |

体力レベル　　★ ★ ★

標　　　高	955m
標 高 差	約450m
歩 行 時 間	約4時間
歩 行 距 離	約7km

西和賀町観光商工課

📞 0197-82-3290

　女神山は岩手・秋田両県の県境に広がる真昼山地の南端の名峰。標高は955mと低山ながら山懐深く、みごとなブナ林と数多くの個性的な滝を擁している。

　林道工事などで通行止めになることも多い相沢林道奥の駐車スペース❶にクルマを置き、登山道に入り、ほどなくして白糸の滝との分岐。滝見物は下山時に譲り、まず山頂をめざそう。

　白糸の滝の上流の沢を渡ると、山頂へ向かう道と、奥の「降る滝」へ向かう道の分岐❷に着く。山頂へは右手で、道標もしっかりとあるので迷うことはないだろう。

　分岐からはブナ林の急登で、登るほどに

▲ブナの森を歩く

ゆるやかになり、夏場は枯れる水場をすぎると、左手に県境コースを分け、さらにひと登りで女神山山頂❸に着く。

　山頂は北へ少し歩いて行くと、秋田県側の展望がよい。また、真昼岳、和賀岳など北に真昼山地の山並みが大きく広がる。

　下山は往路を少し戻った県境コースの分岐から、県境コースをブナ見平❹に向かう。なだらかな道で、ブナの緑が日差しを透かしてひときわあざやかだ。

　ブナ見平をすぎると県境を離れ、さらに下ると女神霊泉という湧き水に出る。変わった名称の降る滝は、女神霊泉から往復20分ほどだ。ぜひ、登山口の近くにある白糸の滝とあわせて訪ねてみよう。

　天高くから舞い落ちる降る滝、キノコ状に広がる白糸の滝は、個性的な瀑姿を見せ、清涼感にあふれている。

　滝見物を終えたら、川沿いのトラバース道の往路を戻ると駐車スペース❺に着く。

▲ユニークな姿の白糸の滝

▲女神霊泉あたりの森

登山口情報

〈トイレ〉
相沢林道奥の登山口にある

〈駐車スペース〉
相沢林道の終点に5台ほど

〈交通アクセス〉
北上市からは秋田自動車道を湯田ICで降り、県道1号線、12号線を抜け、右手、相沢林道に。

女神山
955 北へ少し行くと好展望

ブナ見平

ブナに囲まれたなだらかな道

降る滝

尾根道の急登

滝の往復は女神霊泉から20分ほど

START GOAL

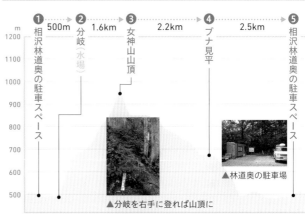

❶ 相沢林道奥の駐車スペース	❷ 分岐（水場）	❸ 女神山山頂	❹ ブナ見平	❺ 相沢林道奥の駐車スペース
500m	1.6km	2.2km	2.5km	

▲分岐を右手に登れば山頂に

▲林道奥の駐車場

なお、駐車スペースまでは通行止めになっていても迂回路が使えるケースもあるので、事前に確認しておいたほうがいい。

女神三滝をめぐる

女神山の山頂までの急登が大変だと思うハイカーには、降る滝、姥滝、白糸の滝をめぐる「女神三滝めぐり」がおすすめだ。

往復約3時間で、落差50mの降る滝、落差40mの白糸の滝など個性豊かな滝を観てまわることができる。

なお、女神山にはこのほかに、ひやげ滝、姫滝などの7つの滝があるとされるが、明瞭な道がない滝もあるようだ。

立ち寄りスポット

西和賀町の高原集落
📞 0197-81-1135（田和賀町観光協会）

岩手県西和賀町は、岩手県内でも牧歌的な高原の雰囲気に彩られたまちだ。立ち寄り温泉も、「沢内バーデン」「ほっとゆだ」「砂っこ」「真昼温泉」「丑の湯」「峠の湯」など、いくつかあるので、山の帰りには、赴くままに立ち寄ってみたい。

春には銀河の森などのカタクリ群生地、沢内天然ワラビ園などに立ち寄るのもいいだろう。

ほっとゆだ駅に併設された「ほっとゆだ」

伝承に彩られた北上高地の主峰

早池峰山
はやちねさん

中級

▲小田越からの尾根を登り、山頂を望む

山歩きDATA

登山シーズン

| 1 | 2 | 3 | 4 | 5 | 6 | 7 | 8 | 9 | 10 | 11 | 12 |

体力レベル　★★★

標　　　　高　　1917m

標　高　差　約860m

歩 行 時 間　約6時間30分

歩 行 距 離　　約9km

花巻観光協会

📞 0198-29-4522

早池峰山は岩手山と並んで岩手県を代表する名山として知られ、夏の休日などにはクルマの渋滞解消策として麓の岳集落から小田越という峠までシャトルバスが運行されるほど人気の山だ。

かつては、河原坊の登山口からコメガモリ沢につけられた河原坊コースを登り、山頂から小田越に下り、車道を河原坊に向かう小田越コースが変化に富む周回コースで人気が高かった。だが、河原坊コースは通

▲岩のゴツゴツした山頂

行止めの状態が続いている。そのため小田越コースを往復するハイカーが多い。

ビジターセンターのある河原坊駐車場❶から、車道を行く。1時間足らず歩くと、山頂付近まで見上げることができる小田越❷に着く。すぐそばに山の監視員詰所がある。

森林限界が低いため山頂に向かって、30分、1時間と登るほどに高山帯になり、高山植物が迎えてくれる。とくに「ハヤチネ」の名を冠したハヤチネウスユキソウの咲く初夏には、ハイカーも多い。

河原坊から3時間ほどで山頂も間近の稜線に出る。高山帯のゴツゴツした岩の間を抜けると、山頂にある早池峰神社のある早池峰山山頂❸に着く。避難小屋があり山頂は広い。とくに東西に広く伸びていて踏み跡も多いので、視界のきかないときは下山方向を迷わないようにしたい。天候がよければ北上高地の壮大さを実感できる。

下山は小田越❹へと戻る。お金蔵と呼ば

▲パワースポットの早池峰神社

登山口情報

〈トイレ〉
登山口である河原坊のほか、小田越にある

〈駐車スペース〉
河原坊登山口に30台以上

〈交通アクセス〉
花巻市からは東北自動車道花巻JCTから東和ICで降り、県道43号線、早池峰湖、県道25号線へ

←鶏頭山へ

頂上避難小屋

早池峰山
1917

剣が峰へ→

大きな岩の
ゴツゴツした道

鉄ハシゴ
がある

2:30

森林限界
が低い

2:00

明るい尾根

小田越

河原坊

START
GOAL

0:50

小田越

小田越山荘

W.C ✳ P

0:40

ビジターセンター　薬師岳へ↓

| ① 河原坊駐車場（水場） | 2km | ② 小田越（水場） | 2.4km | ③ 早池峰山山頂 | 2.4km | ④ 小田越 | 2km | ⑤ 河原坊駐車場 |

▲小田越の登山口

▲山頂直下の岩場

れる岩場につけられた鉄ハシゴは、とくに下りで注意したい。ハイカーが多いと順番を待つこともある。小田越からは、往路の道を40分ほどのんびり下っていくと、登山口の河原坊駐車場⑤に着く。

荘厳な山麓の早池峰神社を探訪

山麓の岳集落を訪ね歩くのもおすすめだ。

早池峰神社は大同2年（807）、藤原鎌足の子孫、兵部卿成房が早池峰山頂に祠を建立したのが始まりといわれる。

軒回りの彫刻・装飾などがみごとで、県の有形文化財に指定され、岩手県のパワースポットとして知られている。

立ち寄りスポット

台温泉精華の湯
📞 0198-27-2426

花巻市街近郊にある花巻温泉郷のなかで、立ち寄り湯としては、台温泉の精華の湯がおすすめ。旅館が10軒ほど並ぶ温泉街の入口近くにできた新しい施設だ。

閉店後、毎日お湯を入れ替えているので、いつでも透明感のある湯を楽しめる。

台温泉街

早池峰山に対峙する針葉樹に包まれた山

薬師岳
やくしだけ

中級

山歩きDATA

登山シーズン

| 1 | 2 | 3 | 4 | 5 | 6 | 7 | 8 | 9 | 10 | 11 | 12 |

体力レベル　★★☆

標　　　高	1645m
標　高　差	約600m
歩　行　時　間	約4時間30分
歩　行　距　離	約7km

岩手県観光協会

📞 **019-651-0626**

▲早池峰山の稜線から望む薬師岳

北上山地の名峰・早池峰山の南に対峙するようにそびえる薬師岳。標高は1645mと早池峰山に及ばないものの、早池峰山の「次に登る山」として訪れるハイカーは多い。

登山口は早池峰山と同じ河原坊駐車場❶から、車道を50分ほど登ると早池峰山への道との分岐、小田越❷に着く。夏の一時期は、ここまでシャトルバスが通っている。

小田越を南に、薬師岳の道に入る。湿原帯に木道が敷かれた登山道だ。

木道が終わると、ジグザグの山道を登っていく。時折、アオモリトドマツなどの針

▲山頂直下から山麓を遠望する

葉樹林の合間や岩場に出ると、展望がきく。北に早池峰山の東西に長い山稜が、圧倒するように広がっている。

やがてヒカリゴケのある岩穴が見られるあたりはちょっとした岩場で、鎖場を登る。

その先は徐々に展望が開けてくる。標高1500mを超えると、ハイマツが見られるようになり、ぐっと展望が広がるが、圧倒的な早池峰山の大きさに驚くばかりだ。

小田越から1時間少々で、稜線の一角の岩峰に着く。ここが山頂と勘ちがいしてしまうような雰囲気だが、四方の展望が開け、南に北上高地のたおやかな山々が広がり、西に遠く、奥羽山脈の稜線、岩手山も望む。

稜線漫歩を楽しみ、下山

この岩峰が山頂と思う人もいるが、山頂はここから10分ほど。背丈ほどのハイマツ帯に切り開かれた道を抜け、高山植物が咲く草原を抜けると、薬師岳山頂❸の岩場の

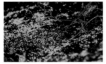
▲ヒカリゴケ

▲稜線から山頂部

登山口情報

〈トイレ〉
河原坊のほか、小田越にある

〈駐車スペース〉
河原坊の駐車場に30台以上

〈交通アクセス〉
花巻市からは東北自動車道花巻JCTから東和ICで降り、県道43号線、早池峰湖、県道25号線へ

河原坊 START GOAL ① ⑤ W.C 水 P
0:50▶ ◀0:40 車道を歩く
ヒカリゴケのある岩穴
稜線が近づくと展望はよい
小田越 ② ④
1:10 1:40
薬師岳 1645 ③
馬留へのコース↓

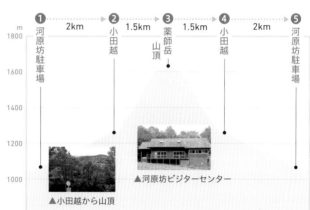

① 河原坊駐車場 2km ② 小田越 1.5km ③ 薬師岳山頂 1.5km ④ 小田越 2km ⑤ 河原坊駐車場

▲小田越から山頂　▲河原坊ビジターセンター

残丘に着く。初夏、稜線の道はイワヒゲがたくさん咲いている。さえぎるもののない眺めを愛でながら、のんびりとしたい。
　下山は南の馬留方面に下る道もあるが、クルマを河原坊に駐車しているなら小田越④、河原坊駐車場⑤へ往路を戻る。
　かつては、山頂から小田越山荘という避難小屋に下りて周回する登山道があった。だが、現在は閉鎖されている。

▲ゆるやかな登山路を登っていく

立ち寄りスポット

矢巾温泉　南昌の湯
📞 019-697-2310

薬師岳からは少し離れているが、クルマで盛岡へ帰る場合など、盛岡市街に近い矢巾温泉に立ち寄ってもいいだろう。
宮沢賢治が愛した南昌山。その山麓に湧く低張性弱アルカリ性低温泉。町営キャンプ場、グラウンドなども隣接している。

岩手山と対峙する優美な秀峰

姫神山
ひめかみさん

山歩きDATA

登山シーズン

| 1 | 2 | 3 | 4 | 5 | 6 | 7 | 8 | 9 | 10 | 11 | 12 |

体力レベル	★★★
標　　　高	1124m
標　高　差	約580m
歩 行 時 間	約4時間
歩 行 距 離	約5km

岩手県観光協会

📞 **019-651-0626**

▲盛岡の北東になだらかなスロープをみせる姫神山

　姫神山は、岩手山と北上川を隔てて向き合うように裾野を広げる、優美な山だ。

　標高は1000メートルを少し超えた程度と高くはない。だが、北上高地の西端の一角であり、積雪は多くはない。そのためか、四季を通じて盛岡周辺の市民ハイカーが何度も訪れる地元に愛された山である。

　登山コースは四方から通じているが、一本杉コースを登り、こわ坂コースを下りる周回コースを紹介しよう。

　登山口は一本杉園地（駐車場）❶。周囲はキャンプ場で、市民の憩いの場だ。登山道

▲山頂から岩手山を眺める

はその園地にあるトイレの脇から延びている。芝の原を抜け、深く端正な杉林（精英樹という）のなかを10分ほど登ると、一本杉と呼ばれる巨木に出会う。傍には一本杉清水という水場がある。

　登山道は杉の林から広葉樹林に変わり、高度を上げていく。ざんげ坂と呼ばれている急登だ。ちょっとした尾根に出たところが5合目。そこから小尾根の急登が続く。

　8合目を越えたあたりから林相がダケカンバに変わり、大きな露岩が増え、そのなかを縫うように登山道が延びている。

　歩き始めて2時間半ほどで姫神山山頂❷に着く。累々とした巨岩の広がる山頂は、山麓から見た優美な山容とは異なる趣がある。初夏にはウスユキソウ、キンポウゲなどの高山植物が咲き誇る。

　下山はこわ坂コースをたどろう。濃霧で展望がきかないようなときなどは、下り口を見失わないようにしたい。

▲一本杉

登山口情報

〈トイレ〉
登山口の駐車場にある

〈駐車スペース〉
登山口に第1駐車場、第2駐車場合わせて100台以上

〈交通アクセス〉
盛岡市内からは、東北道滝沢ICから国道4号線で好摩。標識にしたがって一本杉園地キャンプ場へ

- ←渋民へ
- 一本杉園地
- w.c P ④ ①
- START GOAL
- ❸ こわ坂登山道入口
- ◢0:30
- こわ坂コース
- 樹林帯の道 ▲1:40
- 2:30▼
- 一本杉コース
- 一本杉の美林がある
- 山頂直下の急登、岩場がある
- 巨岩が重なる山頂は広く、展望がよい
- ❷
- **姫神山** 1124

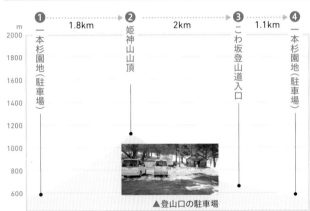

❶ 一本杉園地（駐車場）	1.8km	❷ 姫神山山頂	2km	❸ こわ坂登山道入口	1.1km	❹ 一本杉園地（駐車場）

m 2000 / 1800 / 1600 / 1400 / 1200 / 1000 / 800 / 600

▲登山口の駐車場

　こわ坂コースは姫神山の小さな尾根を下る樹林帯の道。登りだとつらいところだが、下りはあっという間に降りることができる。

　山頂から下り始めて1時間半ほどで、車道に出る（こわ坂登山道入口❸）。その車道を左手に下っていけば、30分ほどで**一本杉園地（駐車場）❹**に着く。

啄木記念館に寄ってみよう

　盛岡市民に愛される姫神山。他の地域から訪れたハイカーなら、ぜひ、山麓の渋民地区にある石川啄木記念館に寄り道してみよう。周囲には尋常小学校の旧校舎などが残り、かつての渋民村の面影を伝えている。

立ち寄りスポット

ユートランド姫神
☎ 019-683-3215

　温泉で汗を流すなら、山麓の好摩駅からクルマで約10分と少し離れているが、ユートランド姫神がおすすめだ。盛岡市総合交流ターミナルとして、立寄り湯に浸かるだけでなく、宿泊・合宿・研修にも利用されている。施設の入口から東に望む姫神山の秀麗優美な山容は郷愁を誘う。

和賀岳

奥羽山脈に潜む草稜の名山

わがだけ

上級

▲展望がよい和賀岳は草の稜線が続く

山歩きDATA

登山シーズン

1 2 3 4 5 6 7 8 9 10 11 12

体力レベル	★★★
標　　　高	1440m
標　高　差	約920m
歩　行　時　間	約8時間
歩　行　距　離	約10.5km

西和賀町観光協会

☎ 0197-81-1135

　和賀岳は岩手県・秋田県の県境に広がる和賀山塊の主峰で、両県から登山道が通じている。このうち岩手県側の登山道は、尾根を乗り越え和賀川の源流を渡り山頂に向かう、変化に富んだコースだ。

　ただし2023年現在、登山口に向かう林道は崩れていて、登山口まで1時間ほど林道を歩かないといけない（車高の高い車なら登山口まで10分程度のところまで行ける）。

　和賀岳の東に位置する高下岳と同じ登山口❶から登る。尾根に上がると、登山道はやがて高下岳に向かう道を右手に見て、左

▲明るい雰囲気の登山口

手の道をいったん下る。下ったところが和賀川の源流域の渡渉点❷。浅瀬を選んで川を渡る。豪雨のあとの増水で渡れないこともあるが、普段はその心配はない。渡渉点からはブナ林のなかの急登が続く。

　登るほどに灌木帯、ハイマツ帯となり、やがてコケ平❸と呼ばれる展望地に着く。ハイマツと草稜のなか、ぽっかりと裸地化しているので、登山道を踏み外さないようにしたい。薬師岳、高下岳などをはじめ、真昼山地の深い山並みも一望のもとだ。

　コケ平からは和賀岳山頂❹はすぐそば、時間にして30分ほどだ。草稜が続き、初夏にはさまざまな高山植物が咲き誇るおだやかな道が延びている。

　とくに初夏のニッコウキスゲは圧巻だ。

　天候のよい日は快適だが、濃霧の日などには道をはずしやすいところもあるので気をつけたい。山頂からは、早池峰山、鳥海山をはじめ、北東北の名山が一望できる。

▲稜線から沢を見下ろす

登山口情報

〈トイレ〉
岩手県側からの登山道にはトイレはない

〈駐車スペース〉
登山口の10台ほどの駐車スペースがある

〈交通アクセス〉
北上市からは、秋田道湯田ICで降り、県道1号線を北上。高下地区で左折し、林道を約8キロで登山口

△高下岳

和賀岳
1440

展望が開け
高山植物が咲く
なだらかな道

0:30
0:40

コケ平

樹林帯の急登

1:40
1:10

高下岳の分岐

渡渉点
増水時は渡れない

1:20
1:30

GOAL
START

沢内銀河高原へ

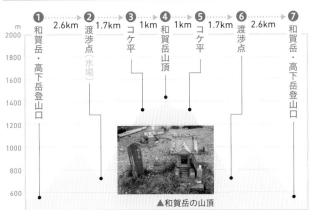

①	②	③	④	⑤	⑥	⑦
2.6km	1.7km	1km	1km	1.7km	2.6km	
和賀岳・高下岳登山口	渡渉点（水場）	コケ平	和賀岳山頂	コケ平	渡渉点	和賀岳・高下岳登山口

▲和賀岳の山頂

下山は、往路をコケ平⑤、渡渉点⑥、和賀岳・高下岳登山口⑦へと戻る。

沢内銀河高原を散策

山麓を散策してみよう。沢内銀河高原の散策道は、牧歌的な眺めで、春にはカタクリの大群落が埋め尽くすなど、見どころも多く、カメラマンも多く訪れる。

▲カタクリの大群落

立ち寄りスポット

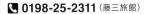

鉛温泉
📞 **0198-25-2311**（藤三旅館）

下山時のひと風呂でぜひ訪れたいのが、花巻温泉郷の鉛温泉。日本一深い湯舟の「白猿の湯」をはじめ、5つの異なる源泉を堪能できる。なお、宿泊者には観光客のほか長期の湯治客も多い。

▲鉛温泉スキー場からの温泉郷

ブナに包まれた和賀山塊の名峰

高下岳
こうげだけ

上級

山歩きDATA

登山シーズン

| 1 | 2 | 3 | 4 | 5 | 6 | 7 | 8 | 9 | 10 | 11 | 12 |

体力レベル ★ ★ ★

標　　　高	1322m
標　高　差	約900m
歩 行 時 間	約6時間30分
歩 行 距 離	約10km

西和賀町観光協会

☎ 0197-81-1135

▲高下岳北峰(右)と和賀塊の山並み

　高下岳は和賀山塊の名峰、和賀岳の東に位置する山。広大なブナ林が広がり、南峰と北峰が並ぶ双耳峰だ。

　大荒沢沿いの高畑登山口❶から登る(高畑コース)。ただし、高畑登山口までの林道が崩れている場合は、林道の入り口付近に車を停め、30分強、林道を歩く。

　登山道は1本道で迷うことは少ないが、標高800mあたりまで、ところどころ小尾根を乗り越えるところで、違う尾根に入ってしまうことがあるので注意したい。ブナ林に包まれた深い山域でもあり、常に現在

▲高下岳から和賀岳の山容

地を確認しながら歩いていこう。

　標高1200mを超えたあたりからは徐々に展望も開け、ブナからダケカンバと林相が変わり、草地の道になっていく。

　高畑登山口から3時間半ほどで、稜線の高畑口分岐❷に着く。まず、左手に南峰をめざそう。くぼ地を抜け、南峰山頂❸まで急登を10分ほどだ。

　山頂は、ハイマツに囲まれ西に和賀沢を隔てた和賀岳の巨大な山塊が迫る。

　南峰からいったん高畑口分岐に戻り、20分ほど灌木混じりの草稜を北に歩いていく。高山植物を愛で、西に和賀岳を眺めながら登っていくと、高下岳山頂❹に着く。

牧歌的な風景と連なる山々

　眼下には沢内の牧歌的な風景が広がり、和賀山塊の重厚な主稜線の山々も一望のもと。特に和賀岳の巨大さには圧倒される。ハイカーの多い山域ではないので、飽かず

▲カンバ林になれば稜線は近い

高下岳
1322

④ 北峰

③ 南峰

② 高畑口分岐

▲ブナの美林を歩く

ブナ林がみごと

0:20

0:10

2:00

3:30

⑤ 高畑登山口

① START GOAL

尾根をまちがいやすいので注意

登山口情報

〈トイレ〉
山中にはない

〈駐車スペース〉
高畑登山口に5台ほど

〈交通アクセス〉
花巻JCTから県道1号線に入り、金毘羅神社から大荒沢川沿いの林道に入る

①		②		③		④		⑤

m
1800
1600
1400
1200
1000
800
600
600

4.2km　0.3km　0.6km　4.5km

① 高畑登山口
② 稜線の高畑口分岐
③ 南峰山頂
④ 高下岳山頂
⑤ 高畑登山口

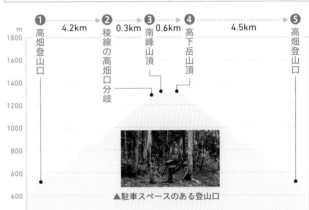

▲駐車スペースのある登山口

展望をほしいまま、のんびりとしたい。

　下山は高畑口分岐②から高畑登山口⑤へと往路を戻る。下るとき、また、少し残雪のある6月いっぱいはとくに小尾根を間違いやすいので、用心したい。

　山頂から深いブナ林を愛でながら、高畑登山口までは2時間ほど。林道に崩れたところがある場合は、さらにその林道を30分強は歩かないといけない。

▲牧歌的な沢内の田園風景

立ち寄りスポット

山の神温泉　なごみの湯
☎ **0198-29-4126**

西和賀町から花巻市に戻る途中にある宿泊施設、食事処なども完備した大きな温泉施設。源泉掛け流しで低張性アルカリ性温泉のとろみのある泉質。男女ともに内湯、露天風呂、サウナがある。

秋田県の山・湿原・渓流

秋田県の山は、青森県との県境の白神山地の山々、秋田八幡平から駒ヶ岳、神室山へと続く奥羽山脈、また、西に鳥海山へと続く秋田南部の山々に分けることができる。

白神山地、秋田県北部の山々

白神山地の秋田県側も、標高は1000メートル強と低いものの、駒ヶ岳、田代岳など高層湿原を持った秀峰がそびえる。奥深い山域なので、静かなハイキングを楽しむことができる。

秋田八幡平一帯と森吉山は山頂部に湿原や草原が広がる平頂峰だ。森吉山は厳冬期の樹氷ツアーのハイカーも多い。ただ、この地域は近年、クマと遭遇したニュースをよく聞く。秋田八幡平の西方、焼山一帯には、山菜採りが入る道などに熊被害を避けるため、ロープで立入り自粛を呼びかけているコースもあった。

また、焼山はクマとの遭遇のほか火山活動により立入りが規制されるケースもある。登る際は地元の自治体等の情報を参考にしていただきたい。

秋田県中・南部の山々

秋田県と山形県の県境には、鳥海山を除いて標高1000メートルほどの山々が連なっている。甑山など特異な山容の山もあり、近郊に住む人にとっては日帰りで楽しむことができるエリアだ。

ただし、標高は高くはないものの登山者が多いわけではなく、多くが地元のハイカーである。また奥深い山域なので、クマの出没情報など事前情報を確認してからを楽しむようにしたい。

なお、秋田県民の"いこいの山"ともいえる太平山周辺は、2023年7月の水害により林道などが崩れ、通行止めが続いていた。徐々に復旧している模様だ。

奥羽山脈

秋田を代表する名山である駒ヶ岳は、初夏には高山植物に彩られ、ひときわ美しい。登山シーズンには8合目小屋までのマイカー規制があり、山麓にクルマを置いてバスで8合目登山口まで上がれば、十分、日帰りで高山植物、湿原の花々を愛でることができる。

奥羽山脈の秋田県側の山は、栗駒山や一部の山を除いてアプローチしにくいところが多い。虎毛山など豪雪や風水害の影響もあり、登山道や林道が寸断、通行止めとなっているコースもある。

とくに風水害での林道の崩落などは予測できない面もあり、入山の際には地元の自治体などの情報を確認したい。

▲秋田焼山からの眺め

東北自動車道

● 能代
大館 ●
鹿角 JCT
能代南 IC

大谷地・長沼 P.62
森吉山 P.50 △
駒ヶ岳 P.46 △

秋田 ●
河辺 JCT
抱返渓谷 P.60 △

大仙 ●
秋田自動車道
岩城 IC
大曲 JCT
真昼岳 P.53 △
● 由利本庄
横手 ●
横手 IC
湯沢 ●

高松岳 P.56 △
神室山 P.58 △

日本海

秋田県の主な山 標高ランキング

1 駒ヶ岳／男女岳
　（こまがたけ・おなめだけ）……… 1637m

2 畚岳
　（もっこだけ）………………………… 1578m

3 大深岳
　（おおふかだけ）…………………… 1541m

4 乳頭山
　（にゅうとうざん）………………… 1478m

5 森吉山
　（もりよしざん）…………………… 1454m

6 和賀岳
　（わがだけ）………………………… 1439m

7 虎毛山
　（とらげさん）……………………… 1433m

8 焼山
　（やけやま）………………………… 1366m

9 神室山
　（かむろさん）……………………… 1365m

10 高松岳
　（たかまつだけ）…………………… 1348m

▲虎毛山の高層湿原

乳頭温泉を抱く秋田の名峰

駒ヶ岳
こまがたけ

中級

山歩きDATA

登山シーズン

| 1 | 2 | 3 | 4 | 5 | 6 | 7 | 8 | 9 | 10 | 11 | 12 |

体力レベル ★★☆

標　　　高	1637m
標　高　差	約330m
歩　行　時　間	約4時間
歩　行　距　離	約6km

仙北市観光課

📞 0187-43-3352

▲のびやかな駒ヶ岳の山容

　駒ヶ岳は一般に「秋田駒ヶ岳」と呼ばれているが、最近は単に「駒ヶ岳」という表記が使われることが増えたようだ。岩手・秋田の県境にそびえ、北日本随一の高山植物の宝庫として知られている。

　日帰りできる登山道は岩手県側の国見温泉側からのほかは、秋田県側からに限られる。山頂に近い8合目までクルマで上がることができる（シーズン中はマイカー乗り入れ規制がある）ため、8合目から周回するコースをたどるハイカーが多い。

▲広い山頂

　8合目①から、男女岳をぐるっとひとまわりするようなコースを歩く。登り始めはゆるやかだった道も、登るに連れて展望がきくものの急登となる。

　約1時間半ほどで阿弥陀池②の畔に出る。立派な阿弥陀池避難小屋（2023年は改修工事中）がある。周辺は浄土平と呼ばれ、初夏にはチングルマ、ウサギギクなどの高山植物があたり一面に咲き誇る。

　駒ヶ岳は男女岳③を主峰として、男岳、横岳などの噴火丘があり、どの山の山頂も展望はよく、阿弥陀池から1時間程度で回ってくることができる。

　下山は男女岳の東側の沢を下るコースがあった。8合目には近く、高山植物も豊富だが、雪渓が初夏まで残り、現在は一般的な登山道とは言いがたい。

　少し遠回りにはなるが、阿弥陀池④からいったん横岳⑤に登り、焼森経由で8合目⑥へ下山するとよいだろう。

▲横岳から男女岳を望む

登山口情報

〈トイレ〉
8合目小屋、阿弥陀池避難小屋にある

〈駐車スペース〉
山麓のアルパこまくさ駐車場に240台ほど。オフシーズンだと、8合目に30台ほど

〈交通アクセス〉
秋田市からは、秋田道大曲ICで降り、国道105号線、46号線を田沢湖方面へ口

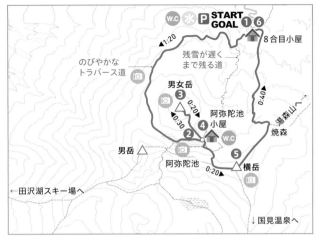

▲阿弥陀池避難小屋でひと休み

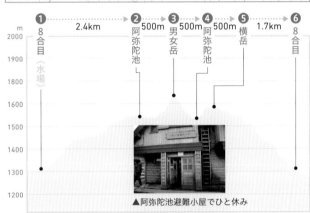

静かな阿弥陀池を散策

　男女岳、男岳、横岳に囲まれた阿弥陀池は、まさに山上の楽園である。池の畔を1周すると30分足らずだが、ぜひ、ゆっくりと散策したい。夏にはチングルマなどのお花畑が広がり、秋には一面の草紅葉となる。

▲広々とした阿弥陀池

立ち寄りスポット

乳頭温泉郷

📞 **0187-43-2111**（観光情報センター「フォレイク」）

秋田駒ヶ岳の登山口の奥にある乳頭温泉は、黒湯、蟹湯など7つの旅館・休暇村が集まる温泉郷で、秘湯ムードに包まれている。
乳頭山などの登山口でもあり、ここから駒ヶ岳に登る登山コースもある。

＋1 プラス1コース（岩手県からのコース） 上級

奥羽山脈の秘湯から ムーミン谷へ！

▲阿弥陀池避難小屋と駒ヶ岳

山歩きDATA

登山シーズン

| 1 | 2 | 3 | 4 | 5 | 6 | 7 | 8 | 9 | 10 | 11 | 12 |

体 力 レ ベ ル	★ ★ ☆
標 　　　 高	1626m
標 　高 　差	約910m
歩 　行 　時 　間	約7時間
歩 　行 　距 　離	約11km

しずくいし観光協会

☎ 019-692-5138

　かつては秋田駒ヶ岳と呼ばれていたが、岩手側からのコースも一般的になるにつれ、単に駒ヶ岳と呼ばれるようになってきた。

　その岩手側のメインコースは国見温泉から登るルートだ。温泉下にある登山者用駐車場❶にクルマを置き、国見温泉森山荘の脇から登っていく。温泉の噴出孔を見て、広葉樹林に包まれた道を登る。

　急登になったりゆるやかになったり階段状のところを登ったりと、変化のある道だ。

　登山口から2時間ほどで、峠状で駒ヶ岳を望むことができる横長根分岐❷に着く。

▲駒ヶ岳の主峰・男女岳に登る

　ここで急登は終わるので、ひと休みするといいだろう。展望のきくゆるやかな道を右手に入り、40分ほどで男岳分岐。周囲は砂礫の展望地で、火山であることを感じさせる。

　男岳分岐から火山地形の窪地に入っていく。砂礫の道から湿原状の地形にある木道に入っていくと、初夏にはチングルマをはじめ高山植物が咲き誇る通称ムーミン谷❸だ。まさに高山帯に潜む別天地である。

　ムーミン谷を離れ稜線に上がるには、登山道を右手にとり、ガレたジグザグ道の道を30分ほど登っていく。稜線に上がったところが、男岳・横岳分岐だ。

　眼下の阿弥陀池に向かおう。駒ヶ岳の最高峰、男女岳は阿弥陀池避難小屋❹から往復1時間ほど。男女岳山頂❺からの展望は抜群で、奥羽山脈北部の山並みが見渡せる。

▲ムーミン谷を歩くハイカー

▲コマクサ

▲アキノキリンソウ

◀トリカブト

登山口情報

〈トイレ〉
国見温泉登山口駐車場にある

〈駐車スペース〉
国見温泉登山口駐車場に20台ほど。初夏には混雑する

〈交通アクセス〉
東北自動車道盛岡ICを降り、国道46号線を西に行き雫石町で県道266号に入り、国見温泉の標識に従って上がっていく

駒ヶ岳
1626
5
0:20
4
0:30
阿弥陀池避難小屋
w.c
水
10
0:50
ムーミン谷
3
10
1:20▶ ▲1:20
横長根分岐
2
6
1:50
0:50
START
GOAL
1
7
w.c
水
P
国見温泉

		①	②	③	④	⑤		⑥	⑦
		登山者用駐車場	横長根分岐	ムーミン谷	阿弥陀池避難小屋	男女岳山頂		横長根分岐	登山者用駐車場

1.5km　2.3km　1km　3.5km　1.5km

m 2200 2000 1800 1600 1400 1200 1000 800

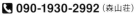
▲横長根の分岐

▲ムーミン谷にある駒の池

横長根の火山の道を下る

　下山は阿弥陀池避難小屋から横岳に20分ほど登り直し、横長根という尾根を下っていく。火山の砂礫が広がる展望のよい尾根だ。足もとにはコマクサも咲いている。

　往路をもどる。横長根分岐⑥を左に森の道に入り、40分ほど下っていくと国見温泉に着く。登山者用駐車場⑦はすぐだ。

▲広々とした横長根

立ち寄りスポット

国見温泉
📞 **090-1930-2992**（森山荘）

駒ヶ岳の山懐にある国見温泉には、森山荘と石塚旅館という2つの宿がある。エメラルドグリーンの湯を湛えた秘湯として有名で、下山後に立ち寄るハイカーも多い。なお、森山荘にはペット専用の風呂もある。

▲国見温泉登山者用駐車場

49

高山植物が咲き誇る名山

森吉山
もりよしざん

中級

山歩きDATA

登山シーズン

| 1 | 2 | 3 | 4 | 5 | 6 | 7 | 8 | 9 | 10 | 11 | 12 |

体力レベル	★★★
標　　　高	1454m
標　高　差	約650m
歩　行　時　間	約6時間
歩　行　距　離	約12km

北秋田市商工観光課

📞 **0186-62-5370**

▲右に左に多くの池塘を眺めながら登る

　冬の樹氷で有名な森吉山。無雪期には高山植物の咲き誇る山と知られている。

　四方から登山道は延びているが、手軽に楽しむには、西の阿仁スキー場からの阿仁コースと、北のこめつが山荘からのこめつがコースが多く利用されている。

　こめつが山荘❶前にクルマを置き、山荘脇からスキー場跡地に延びるゆるやかな道を行く。ブナの森で、途中に水の流れる沢があるので、水を汲んでもよい。

　登山口から歩き始めて2時間ほどで展望が開け、一ノ腰山頂❷に着く。

　ここから登り下りはあるものの、高山植物と湿原の織りなすおだやかな稜線だ。

　30分ほど歩くと森吉神社避難小屋❸。すぐそばに冠岩の巨岩があるので、見てくるといいだろう。さらに20分ほど歩くと阿仁避難小屋❹に着く。トイレもあるので、一休みもいい。周辺は冬ならば樹氷モンスターが広がるところだ。

　色とりどりの高山植物を愛でながらジグザグにゆるやかな道を登っていくと、一ノ

▲一ノ腰を越えて森吉山へ

▲地蔵尊が並ぶ森吉山山頂

▲トイレの完備した阿仁避難小屋

登山口情報

〈トイレ〉
こまつが山荘や登山途中の避難
小屋にある

〈駐車スペース〉
こめつが山荘に20台ほど

〈交通アクセス〉
能代からは国道105号線、県道
309号線を通り、森吉四季美湖
を渡ったところで右折し、車道
を上がり、こめつが山荘へ

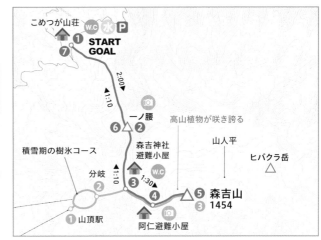

こめつが山荘
W.C 水 P
❶
START
GOAL
❼
2:00▼
1:10
❻ 一ノ腰
積雪期の樹氷コース
1:10
分岐
❷
森吉神社
避難小屋
高山植物が咲き誇る
山人平
ヒバクラ岳
△
W.C
1:30
❸
❹
△ ❺ 森吉山
1454
❸
❶ 山頂駅
阿仁避難小屋

❶ こめつが山荘 2.5km ❷ 一ノ腰山頂 1.8km ❸ 森吉神社避難小屋 1km ❹ 阿仁避難小屋 1.2km ❺ 森吉山山頂 3km ❻ 一ノ腰山頂 2.5km ❼ こめつが山荘

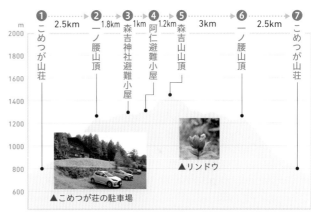

▲こめつが荘の駐車場

▲リンドウ

腰から1時間半ほどで森吉山山頂❺に着く。
広い山頂で、奥羽山脈の主稜線から少し離
れた独立峰でもあり、四方に広がる山々の
絶景を楽しみたい。

　時間があれば、山人平のほうの湿原をま

わってみてもいいだろう。往復1時間くら
いで高山植物が咲く高層湿原を楽しめる。

　下山は、往路を一ノ腰山頂❻、こめつが山
荘❼へと戻る。一ノ腰の手前、雲嶺峠から
松倉コースがあり、そのコースを下る場合

▲森吉神社避難小屋と冠岩

▲広々とした森吉山の山容(残雪期)

森吉山

▲桃洞滝。めずらしい姿をした滝とナメが美しい

▲樹氷を鑑賞して回る

は、林道に出てから30分ほど東へ林道を歩いてこめつが山荘に戻る。

桃洞渓谷を歩く

雪のない時期の散策コースとしては、森吉山の北麓にある桃洞渓谷一帯がおすすめだ。森吉山野生鳥獣センターからおだやかなノロ川に沿ったブナ林の遊歩道を1時間ほども歩くと、桃洞滝に到着する。

遊歩道は明瞭で、迷うことはないだろう。ただし、クマの出没情報も多いようで、桃洞滝の上流などは沢登りの領域になる。

プラス1コース　▲中級
樹氷原を通って山頂へ！

東北の山の多くが冬季には雪に閉ざされるのに対して、森吉山では冬の樹氷鑑賞コースを用意して、多くのハイカーを迎えている。阿仁スキー場ではスノーシューやかんじきといった雪用の歩行具の貸し出しもあり、まさにお手軽に樹氷を探勝できる山だ。なお、無雪期にゴンドラ山頂駅から森吉山山頂まで登ると、3時間ほどで往復できる。

阿仁スキー場から、阿仁ゴンドラに乗り、山頂駅❶までは15分。山頂駅にある樹氷総合案内所でコースなどを確認する。

お手軽に探勝できるといっても、冬山の厳しさは変わらない。天候やコースの確認

など、案内所スタッフの指示をしっかり守るようにしたい。

樹氷コースは、ゴンドラ山頂駅を起点とした樹氷平と呼ばれる一帯を周遊する。スタッフが雪を踏み固めてくれているので、長靴であれば大丈夫。冬のモンスター群を堪能できる。1周すると30分ほどだが、天候のよい日には、写真撮影などにより、少し時間がかかることもある。

なお、3月に入れば降雪も落ちつき始め、樹氷コースの途中の分岐❷から、石森、さらに森吉山山頂❸に向かうこともできる。

ただし、冬山登山コースでもあり、入山届をスキー場に提出してから登る。天候に恵まれれば、すばらしい樹氷鑑賞ができる。

立ち寄りスポット
打当温泉マタギの湯
☎0186−84−2612

山麓の国道105号線を南に、打当温泉方面に行くと、集落の中心にマタギの湯がある。のんびりと登山の汗を流すといい。マタギ資料館が併設されているので、マタギの歴史のほか、その生活ぶりを知ることもできる。

奥羽山脈の稜線漫歩

真昼岳
まひるだけ

中級

山歩きDATA

登山シーズン

| 1 | 2 | 3 | 4 | 5 | 6 | 7 | 8 | 9 | 10 | 11 | 12 |

体力レベル ★ ★ ★

標　　　高	1059m
標　高　差	約150m
歩 行 時 間	約4時間
歩 行 距 離	約6km

美郷町商工観光交流課

☎ 0187-84-4909

▲北の稜線から見た真昼山

　真昼山地の主峰、真昼岳に登る登山道は、登山口までの林道が崩れて入れないこともある。その点、山形県横手盆地側から奥羽山脈の主稜線を越える峰越登山口❶までは何とか通行できることが多い。

　峰越登山口から真昼岳までは、展望のよい稜線漫歩を気軽に楽しめる。

　峰越登山口から高原状の稜線を歩くこと30分ほどで北ノ又岳山頂に着く。そこから1時間足らずで音動山。その肩を抜けて登

山道が延びている。稜線の道はずっと草原状か灌木で展望がよく、真昼岳が少しずつ迫ってくるようで心踊る。

　音動山から20分ほど下り、西から登ってくる道との合流点が赤倉分岐❷だ。その分岐から急登になり、やがてゆるやかになると真昼岳山頂❸である。避難小屋を兼ねたような大きめの三輪神社の祠がある。

　のんびりと展望を楽しもう。北に奥羽山脈の一部、和賀山塊の和賀岳を遠望し、東の

▲稜線から望む横手盆地

▲山頂、三輪神社脇で憩いのひととき

53

真昼岳

▲赤倉分岐

登山口情報

〈トイレ〉
登山口、山中ともにない

〈駐車スペース〉
峰越峠に10台ほど

〈交通アクセス〉
横手市から国道13号線、県道11号線、50号線を経て標識に従い峰越林道に入る。登山口は森のなかの林道を上がりきった峰越峠。林道は少し荒れている。

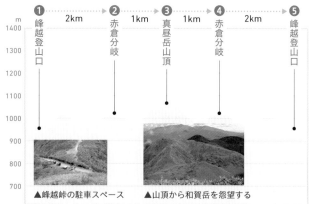

▲峰越峠の駐車スペース　　▲山頂から和賀岳を怨望する

眼下には真昼沢一帯のブナの森が樹海のように広がっている。

"東北の屋根"を堪能する

　山頂から南の女神岳に向けて縦走を楽しむ健脚者もいるが、山頂からは往路を戻ろう。赤倉分岐❹、北ノ又岳を経て峰越登山口❺までは山頂から2時間足らず。"東北の屋根"を歩く感慨もひとしおだ。なお、水場は峰越登山口への林道の秋田県側1kmほど手前に、峠越延命水という湧水が出ている。

　峰越登山口からの稜線コースのほか、秋田県側の善知鳥からの道もよく登られるが、尾根に取り付くまでの沢沿いの道は渡渉も

あり、残雪で苦労することがあり、シーズンが限られる。山麓から登る場合、赤倉登山口から尾根を登るのが一般的だ。

➕１ プラス1コース　上級

　岩手県側からの登山口は、多くのハイカーが西和賀町の真昼林道をクルマで上がり、兎平登山口❶から登り始める（2023年は通行止めとなっていた）。

　登山道を歩くと、すぐに本内川の吊り橋に着く。1人ずつ渡らなくてはいけない華奢なつくりだが、味があってよい。沢床も浅いので、子どもははしゃぎながら渡って

▲展望のよい山頂

▲トリカブトの咲く尾根道

三輪神社の祠を兼ねる
③ 真昼岳
1059

岩手側、秋田
側ともに展望
はよい

草稜の道。早い時期
は濃霧や残雪に注意

←善知島へ

渡渉をくり返す

1:10

兎平
④ ②

1:10▶

1:00▶
樹林帯の急登

▲兎平登山口駐車場

兎平登山口
① START
GOAL
⑤
P

女神山へ↓

いる（ただし、増水時は注意）。

　その先、稜線までは小さなくぼ地もあるが、ほぼブナの森のなかを登っていく。

　途中で右手に木の間から、岩から水が飛び出すような飛竜の滝を望む。

　登るほどに視界は開け、吊り橋から約1時間半で兎平②と呼ばれる展望地に着く。稜線の分岐はそのちょっと先だ。

　分岐からは左手の道は真昼山地の南方の縦走路。女神岳に向かって少しヤブっぽい登山道が延びている。西に向かえば秋田県側の善知鳥へ降りられる。

　真昼岳は稜線を右手に、北に向かって歩いていく。晴天ならば展望は申し分なく、右手に岩手の山々が広がり、左手に秋田の山々を望みながらの楽しい稜線歩きである。

▲1人ずつ吊り橋を渡る

　真昼岳山頂③には立派な山頂標と真昼岳三輪神社を兼ねたような避難小屋が建っている。展望は広く、鳥海山が横手平野の田園風景の先に霞んで見える。岩手県側は東に毒ヶ森山塊のうねり重なるような低い山並みが印象的だ。下山は兎平④、兎平登山口⑤へと往路を戻る。

　なお、悪天時には兎平で方角を見失わないように注意したい。また、下界は初夏でも、時期が早いと稜線にいたるくぼ地などに残雪があることも多いので、雪の踏み抜きや道迷いに気をつけよう。

立ち寄りスポット

真昼温泉
📞 0197-85-2420

真昼林道の入口近くにある地元で運営する素朴な立ち寄り温泉施設だ。

一時期、閉鎖される話もあったが、地元の人の公衆浴場として人気がある。

小安岳・山伏岳とつなぐ稜線を歩く

高松岳

たかまつだけ

上級

山歩きDATA

登山シーズン

| 1 | 2 | 3 | 4 | 5 | 6 | 7 | 8 | 9 | 10 | 11 | 12 |

体力レベル　★★★

標　　　高	1348m
標　高　差	約700m
歩　行　時　間	約7時間
歩　行　距　離	約12km

湯沢市役所観光・ジオパーク推進課

☎ 0183-55-8180

▲山頂の避難小屋が大きな目印

　高松岳は秋田県の名湯・泥湯を囲むように尾根を広げる山。メインルートとなる登山道は泥湯からの2ルートとなるが、一方は小安岳、もう一方は山伏岳を越えての登頂となる。ここでは、登りに小安岳、下りに山伏岳を周回するコースを紹介しよう。

　登山口は泥湯❶。登り始めから急登が続く。道はやがて小安岳の尾根ではなく、その尾根を巻くように延びている。残雪の残る時期には谷筋のトラバースに注意したい。

　水場を抜け、尾根を登り切ったところが、小安岳の分岐。小安岳❷へは、北に数分戻

るようにして到達する。周囲の奥羽山脈の山々が広く見渡せる。

　小安岳の分岐に戻り、稜線を歩く。標高差は数十メートルだが小さなアップダウンがあり、意外につらいところだ。時折、稜線を通る風や高山植物にいやされながら、がんばろう。最後の急登を登り切れば、高松岳山頂❸の一角につく。山頂部は広く、避難小屋もある。展望はよい。とくに南に虎毛山に延々と連なる稜線は、次に機会にはぜひ登ってみたいと思うはずだ。

川原毛地獄へGO！

　下山は稜線を西へ、山伏岳❹に向かう。明るい稜線の道。ただ、山伏岳に登るなど、途中のアップダウンも多い。高松岳からは約1時間で山伏岳に着く。

　山伏岳からは北に尾根を下っていく。ここも急降下したり、なだらかだったりの道。残雪のある時期のほか、晩秋の落葉時期な

▲広々とした山頂

▲山頂の避難小屋

登山口情報

〈トイレ〉
泥湯、高松岳山頂避難小屋のほか、川原毛地獄の入口にある

〈駐車スペース〉
泥湯の温泉地域の奥の駐車場に50台以上

〈交通アクセス〉
横手市からは国道13号線、398号線を通り、泥湯の標識に従い県道51号線に、310号線を左折

W.C 0:30 泥湯温泉
川原毛地獄 ❺ ① **START GOAL** W.C 水 P
樹林帯の道 1:20 2:30 山腹のトラバース道 谷筋の残雪に注意
稜線のアップダウンがある
④ 山伏岳 ② 小安岳
③ 📷 高松岳 1348 水
◀1:00 ▲ 🏠 W.C ◀1:30
避難小屋

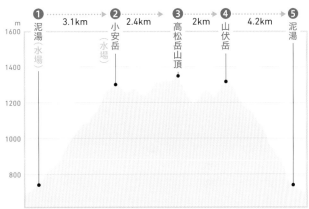

| m | ① 泥湯（水場） | 3.1km | ② 小安岳（水場） | 2.4km | ③ 高松岳山頂 | 2km | ④ 山伏岳 | 4.2km | ❺ 泥湯 |

どは道を見失わないように注意したい。

　山伏岳から下り始めて1時間強で、川原毛地獄という霊場に近い車道に出る。ここから東へ泥湯に向けて車道を歩く。

　途中に川原毛地獄の駐車場とトイレがある。30分ほど車道を少し登ってゆっくりと下りていくと、泥湯❺に戻る。

▲虎毛山への山深い稜線を望む

立ち寄りスポット

川原毛地獄
📞 **0183-73-0415**（湯沢市観光物産協会）

虎毛山の北、高松岳の登山口となる名湯、泥湯。川原毛地獄は、立山、恐山とともに日本三大霊地といわれ、泥湯からクルマで10分ほどの距離にある。近くには湯滝と呼ばれる温泉滝もある。

奥羽山脈から派生する偽高山帯を行く

神室山

かむろさん

上級

▲山形県側の稜線から見上げる神室山

山歩きDATA

登山シーズン

| 1 | 2 | 3 | 4 | 5 | 6 | 7 | 8 | 9 | 10 | 11 | 12 |

体力レベル	★ ★ ★
標　　　高	1365m
標　高　差	約1000m
歩　行　時　間	約9時間
歩　行　距　離	約13km

湯沢市観光物産協会

☎ 0183-73-0415

　神室連峰の主峰である神室山は、標高は1365mと高くはないものの奥深い山だ。コースは山形県と秋田県から開かれているが、秋田の横手盆地の南奥、西ノ又から渓谷沿いに登り、前神室山を経てパノラマコースを下る周回コースは、健脚向きだが変化があっておもしろい。

　西ノ又コース登山口❶から、西ノ又川に沿う渓谷道を歩いていく。途中、ロープ場、2つの吊り橋、三十三尋の滝などがあり、その先、左岸から右岸へ渡渉し、枝尾根にとりつくと、不動明王❷の広場。小さな祠と水

場があり、1〜2張り程度ならテントを張ることもできる。登山口から不動明王までは2時間強かかる。

　ここから約1時間半がブナの森の急登の連続。天を見上げるような登りが続く。

　胸突八丁坂という急登を終え、ゆるやかになったところが、御田の神❸の湿原地帯。湿原をのんびり歩き、枝尾根に出ると、御田の神から30分強で稜線の分岐に着き、左手にさらに20分ほど登ると神室山山頂❹に着く。展望はよく、山の奥深さを実感し、感慨もひとしおだ。

尾根コースをのんびりと

　下山は、北に伸びる稜線を前神室山❺に向かう。パノラマコースといわれるほど好展望が続くわけではなく、長い距離を歩いた疲れも出てくるだろう。

　時折見える周囲の展望を愛で、ブナの森に囲まれ、第3ピーク、第2ピーク❻、第1

▲山頂に憩う

▲優美な三十三尋の滝

登山口情報

〈トイレ〉
山頂の避難小屋にある

〈駐車スペース〉
登山口の駐車スペースに10台
ほどおける

〈交通アクセス〉
横手市からは国道13号線、国道
108号線を経て、西ノ又の上流
の駐車スペースへ

7 西ノ又登山口 **P**
1 START GOAL
渓流沿いの道
西ノ又コース パノラマコース
第2ピーク **6** 0:50
2:00
前神室山 **5** 1342 1:20
2 不動明王
尾根の道
1:40
3 御田の神
神室山避難小屋 1:30
有尾登山口
W.C **4** 神室山 0:40
1365

1	**2**	**3**	**4**	**5**	**6**	**7**
西ノ又コース登山口	3.5km 不動明王	1.2km 御田の神	1.2km 神室山山頂	2.1km 前神室山	1.7km 第2ピーク	3km 西ノ又コース登山口

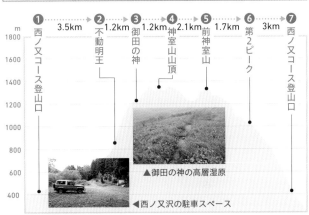

▲御田の神の高層湿原

◀西ノ又沢の駐車スペース

ピークと小さな登り下りを重ねつつ下って
いくと、いっぷく平に着く。
　標高650mほどだから、登山口まで標高
差はあと200mだ。頑張って西ノ又コース
登山口**7**までたどり着くと、充実した1日
であったことをあらためて感じるだろう。

▲いっぷく平周辺の森

立ち寄りスポット

小安温泉共同浴場
☎ 0183-47-5080

横手盆地の東の山間にはたくさんの温泉があ
る。神室山とは少し距離が離れるが、遠回りで
きる時間があれば、小安峡温泉に寄ってみたい。
３つある共同浴場の一つの小安温泉共同浴場
は、国道398号線の
すぐそば。源泉掛け
流しの湯が堪能でき、
源泉がほとばしる大
渓谷の名勝「小安峡
大噴湯」も徒歩圏に
ある。

東北随一の渓谷美を訪ね歩く

抱返渓谷
だきかえりけいこく

初級

山歩きDATA

登山シーズン

| 1 | 2 | 3 | 4 | 5 | 6 | 7 | 8 | 9 | 10 | 11 | 12 |

体力レベル ★★☆

標　　　高	130m
標　高　差	約50m
歩 行 時 間	約1時間30分
歩 行 距 離	約3.5km

仙北市田沢湖観光情報センター

☎ **0187-43-2111**

▲深山幽谷の趣のある回顧の滝

抱返渓谷は秋田・みちのくの小京都と呼ばれる角館を流れる玉川の中流域にある。ここを通る人は、抱き抱えるようにしてすれ違わないと通れなかったといわれるところから、抱返渓谷と名づけられた。

渓谷の入り口から上流の神代ダムへと続く総延長約10キロの渓谷美だが、そのうち、入り口から約2キロのところにある回顧の滝までは遊歩道が整備されている。東北随一の渓谷で、ハイカーも多い。

100台はゆうに停まれる広い駐車場がスタート地点。入り口には抱返神社❶が厳か

▲緑に包まれた渓谷

な佇まいを見せている。その前を抜け、神の岩橋と呼ばれる大きな吊り橋を渡る。県内でも指折りの古い吊り橋だという。

遊歩道は平坦だが、奥に向かうほどに絶壁を縫うように延びている。誓願橋という新しい吊り橋を渡り、岩盤をくり抜いたトンネルを抜けたり、莫蓙の岩と呼ばれる巨岩を見たり、深山幽谷の気分が高まる。

対岸の岩盤をスロープ状に落ちる棚掛の滝を見ると、そこから先の遊歩道は崩落の危険があるため通行止めになっている。しかし、右手を見上げれば、玉川の支流・大相沢から、豪瀑が落ちている。回顧の滝❷だ。

落差は下段だけで30メートル。2段合わせると50メートルはある(豪雨などで回顧の滝の近くまで行けないこともある)。

回顧と書いて「みかえり」と読む。何度も振り返って見たくなることから、回顧の滝と名づけられたという。

抱返神社から回顧の滝までは30分。抱返

▲渓谷の入口にある神の岩橋

登山口情報

〈トイレ〉
登山口の抱返神社駐車場にある

〈駐車スペース〉
抱返神社前に100台以上

〈交通アクセス〉
角館からは県道257号線を東へ、あきた芸術村を過ぎて、標識に従ってさらに東へ行くと抱返神社に着く

神の岩橋と呼ばれる
長い吊り橋を渡る

回顧の滝より上流は
通行止めとなっている

抱返神社

① ③
START
GOAL
W.C 水 P

◀0:40▶

② 回顧の滝

巨石と淵の織り成す
渓谷沿いの遊歩道

① 抱返神社(水場)　1.6km　② 回顧の滝　1.6km　③ 抱返神社

m
500
400
300
200
100

▲素掘りのトンネル

▲莫蓙岩を見下ろす

神社③までの往復で1時間ほどと半日に満たないコースだから、渓谷美と森林浴を堪能したい。河原に下りられるようなところはないが、紅葉の時期は、周囲の山肌は赤く燃え、渓谷の流れは深い緑。その絶妙なコントラストに目を奪われることだろう。

あきた芸術村を楽しむ

　なお、帰りには近くにあるあきた芸術村を訪ねるのもいいだろう。
　劇団のミュージカルを上演する大劇場、ミニライブも行われる小劇場などが集まっている。そのほか、あきた芸術村には森林工芸館や土産物店、レストランなどもある。

立ち寄りスポット

温泉ゆぽぽ
☎ 0187-44-3333

温泉はあきた芸術村にある「温泉ゆぽぽ」がおすすめ。檜をふんだんに使った浴場でゆっくりし、散策の汗を流せば、充実した1日を実感できる。宿泊も食事も可能な施設だ。

八幡平に潜む秘沼を探勝する

大谷地・長沼
おおやち・ながぬま

中級

▲ひっそりと静まりかえる長沼

山歩きDATA

登山シーズン

1 2 3 4 5 **6 7 8 9 10 11** 12

体力レベル	★★★
標　　高	1150m
標　高　差	約100m
歩　行　時　間	約2時間30分
歩　行　距　離	約4km

八幡平ビジターセンター

📞 **0186-31-2714**

　八幡平一帯にはたくさんの湖沼や湿原が点在している。そのなかで、大谷地と長沼は山頂にある八幡沼に比べれば格段に訪れる人が少ない。静かな森を堪能し、隠れた湿原や湖沼を愛でる人にとっては、まさに別天地である。

　ただし、一帯ではクマを見かけることもあり、パーティを組んだり熊鈴を鳴らしたりしながら訪れるよう用心したい。

　八幡平の秘湯・蒸ノ湯温泉❶にある外湯から北に延びる散策道を歩いていく。小さな沢を渡る橋の先から山道らしくなってい

▲大谷地では木道を歩く

く。深いブナの森に包まれた道。あたりは静まり返って怖いくらいだが、道は明瞭だ。

　30分ほど歩き、木立に囲まれた森の広場のようなところに出ると、目の前が明るくなる。大谷地❷だ。四季折々の湿原の草花が咲き誇るなか、一本の木道が延びている。のんびりと木道を歩いていると、その先に道が続いている。蛇沢沼という湖沼に降りるコースで、一般向きとはいえない。必ず木道が途切れたところで引き返そう。

　元に戻り木立の広場から湿原を左に見て、山道を歩く。小さな尾根を乗り越す程度で、登降差はほとんどない。時折見かける巨木に驚く。30分ほど歩き、小尾根を乗り越して道がゆったりと下っていく。行き着いたところが長沼❸である。

　まさに森のなかの秘沼と呼ぶにふさわしい。時折、水面を渡る風がさざ波を起こし、水面を揺らすだけだ。

　この長沼から八幡平山頂に向かう登山

▲蒸ノ湯、オンドルでひと休み

登山口情報

〈トイレ〉
八幡平ビジターセンターほか、蒸ノ湯温泉にある

〈駐車スペース〉
蒸ノ湯温泉周辺に10台ほど

〈交通アクセス〉
大館からは国道7号線、341号線を通り八幡平へ。蒸ノ湯温泉の標識で左折

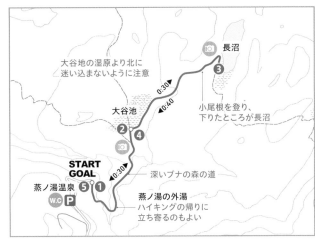

大谷地の湿原より北に迷い込まないように注意

長沼

小尾根を登り、下りたところが長沼

大谷池

深いブナの森の道

START GOAL

蒸ノ湯温泉

蒸ノ湯の外湯
ハイキングの帰りに立ち寄るのもよい

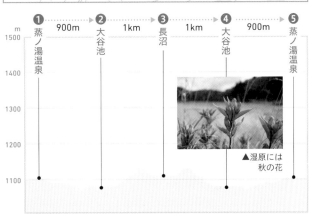

| ❶ 蒸ノ湯温泉 | 900m | ❷ 大谷池 | 1km | ❸ 長沼 | 1km | ❹ 大谷池 | 900m | ❺ 蒸ノ湯温泉 |

▲湿原には秋の花

道があるが、山頂までは3時間ほどかかる。それは次回のハイキングに譲り、往路を戻ることにしよう。長沼から大谷地❹へ、さらに歩き始めた蒸ノ湯温泉❺の外湯へ。2時間ほどの秘沼探勝だが、外湯に入浴客がいることに、妙に懐かしさを感じるくらいだ。

蒸ノ湯温泉の外湯を堪能

　一汗かいたら、ぜひ、蒸ノ湯温泉旅館で受付を済ませ、入浴客の仲間入り。男湯も女湯も混浴も、地熱を利用したオンドルと呼ばれる小屋もある。そこかしこから湯気・噴気を上げる外湯を堪能すれば、ゆったり・のんびりした気分に浸れる。

立ち寄りスポット

後生掛温泉
📞 0186-31-2221

八幡平には温泉がたくさんあるが、なかでも八幡平を代表する温泉といえば蒸ノ湯と後生掛温泉だ。地面から立ち上る湯煙を縫って、多くのハイカーが立ち寄り入浴などを楽しんでいる。

宮城県の山・湿原・渓流

宮城県の山は南三陸地方に硯上山、金華山をはじめ名山もあり、また、奥羽山脈に連なる船形山、蔵王連峰などの名峰群が多くのハイカーを迎えている。

宮城県北部の山々

　本書で岩手県の山として紹介した栗駒山は、岩手・宮城両県側から登られる。とくに紅葉期のあざやかさは有名で多くのハイカーを迎えている。いまは岩手県側にある昭和湖の火山性ガスの影響もあり、宮城県側から登るハイカーも多いようだ。山懐の世界谷地と呼ばれる高層湿原は、のんびり散策できる別天地。

　船形山は標高1500メートルほどで広い裾野を持ち、いくつもの登山道が通じている。なお、裾野が広い山は登山口までの林道などが長く、その点、とくに夜間の運転時には案内表示もなく道迷いに用心しておくことも大切だ。

蔵王連峰の周辺

　宮城県側の蔵王は仙台近郊の山として多くのハイカーを迎えているが、火山に関する情報が発せられることもある。とくに火口周辺に向かう際には、地元自治体などの情報を確認しておきたい。

　なお、蔵王連峰南部は南蔵王縦走路と呼ばれ、屏風岳や不忘山といった名山があり、山中には高層湿原が広がる。

　同じ仙台近郊の山として、名取川上流、大東岳を中心とする二口山塊も日帰りできる山としてハイカーに人気が高い。一帯の渓谷は多くのナメや滝を擁し、ハイキングコースを歩くだけでも見る者を飽きさせない美しさがある。

　また、七ツ森など仙台近郊の山を時間に応じて手軽にハイキングするのもいい。

宮城県南部の山々

　宮城県南部の山は標高も300～800メートルの小さな山が多いが、それだけに傾城森、岩岳など2～3時間で歩ける手軽なハイキングコースが整備されている山がいくつかある。

　なお、宮城県の山に限ったことではないが、登山ではクマなどに注意すべきことはいうまでもない。最近の傾向として、山の稜線など標高の高く奥深いところより、むしろ里山といった標高の低い、人家の周辺や林道脇でクマに遭遇し、襲われるケースも出ている。

　そのため、単独ではなく、複数でハイキングを楽しむ、鈴を鳴らすようにするなどの用心をしておこう。

▲蔵王・御釜にかかる虹

禿岳 P.74 △   ○ 世界谷地 P.72

東北自動車道

大崎

山形自動車道

船形山 P.70 △   七ツ森 P.78 △
泉ヶ岳 P.84 △

富谷 JCT

△ 大東岳 P.80

山形

○ 仙台南 JCT   仙台

二口渓谷 P.82 △

常磐自動車道

蔵王・熊野岳 P.66 △
屏風岳 P.68 △

村田 JCT
白石

太平洋

傾城森 P.76 △

岩岳 P.86 △

福島

宮城県の主な山　標高ランキング

1　熊野岳（くまのだけ）‥‥‥‥‥ 1840m	6　船形山（ふながたやま）‥‥‥‥ 1500m
2　屏風岳（びょうぶだけ）‥‥‥‥ 1825m	7　大東岳（だいとうだけ）‥‥‥‥ 1365m
3　刈田岳（かっただけ）‥‥‥‥‥ 1758m	8　禿岳（かむろだけ）‥‥‥‥‥‥ 1261m
4　不忘山（ふぼうさん）‥‥‥‥‥ 1705m	9　泉ヶ岳（いずみがだけ）‥‥‥‥ 1175m
5　栗駒山（くりこまやま）‥‥‥‥ 1626m	10　荒雄岳（あらおだけ）‥‥‥‥‥ 984m

御釜を眼下に火山の稜線を歩く

蔵王・熊野岳

ざおう・くまのだけ

初級

山歩きDATA

登山シーズン

| 1 | 2 | 3 | 4 | 5 | 6 | 7 | 8 | 9 | 10 | 11 | 12 |

体力レベル	★★★
標　　　高	1840m
標 高 差	約380m
歩 行 時 間	約4時間
歩 行 距 離	約8.5km

蔵王町観光案内所

📞 **0224-34-2725**

▲熊野岳から望む御釜と南蔵王

　宮城・山形の両県にまたがり大きな裾野を広げる蔵王連峰。その最高峰が熊野岳だ。両県からいくつもの登山道が開かれ、手軽にハイキングを楽しむことができる。

　ここでは、宮城県側の登山道を紹介するが、すぐに県境の稜線に出るので、どちらの県から登っても大差はない。

　蔵王エコーラインの大黒天❶にクルマを置き、広く展望のよい尾根を1時間少々歩くと、蔵王大権現刈田嶺神社の大きな祠のある刈田岳山頂❷に着く。山形県側の刈田岳直下にある蔵王山頂レストハウスからも

▲北蔵王・雁戸山を望む

多くのハイカー、観光客が散策に来ている。

馬の背をたどり熊野岳へ

　刈田岳から北に、馬の背と呼ばれる火山の砂礫の稜線を歩いていこう。

　右手にはずっと蔵王の御釜が深く濃い緑の水を湛え、コマクサなどの高山植物も見られる楽しい道だ。数十mおきに棒が立っているが、濃霧の際に道や方角を見失わないようにする目印でもある。

　実際、馬の背は風の強い日が多く、手軽にハイキングできるといっても軽装すぎると風に飛ばされそうになることもある。

　熊野岳に近づくと道は3方に分かれるが、熊野岳に向かうにはいちばん左のゆるやかなトラバース道を選ぶといい。分岐から20分ほどで、広い熊野岳山頂❸に着く。ここにも蔵王山神社の大きな祠があるので、お参りして四方の大展望を楽しもう。

　なお、山頂から東に10分足らずで石組み

▲イワカガミと北蔵王

登山口情報

〈トイレ〉
大黒天、蔵王山頂レストハウスにある

〈駐車スペース〉
大黒天に100台ほど

〈交通アクセス〉
東北自動車道を村田ICで下り、県道25号線、12号線で遠刈田温泉、蔵王エコーラインへ

▲熊野岳山頂

の熊野岳避難小屋がある。

　帰路は避難小屋を経由して、往路の馬の背を戻る。途中、刈田岳直下の蔵王山頂レストハウスに立ち寄ってもいいだろう。

　刈田岳山頂❹から大黒天❺までは下りで50分ほどだ。

▲刈田岳と蔵王山頂レストハウス

立ち寄りスポット

遠刈田温泉　神の湯
📞 0224-34-1990

遠刈田温泉街にある2つの共同浴場の1つ。遠刈田温泉街の中心地にあり、地元住民や観光客でいつも賑わっている。

かけ流しで、男湯と女湯それぞれに熱い湯とぬるめの湯の2つの浴槽がある。源泉の温度は68℃と高温なため加水している。なお、神の湯の前には足湯がある。

中級

池塘広がる南蔵王縦走路を歩く

屏風岳
びょうぶたけ

山歩きDATA

登山シーズン

| 1 | 2 | 3 | 4 | 5 | 6 | 7 | 8 | 9 | 10 | 11 | 12 |

体力レベル ★★★

標　　　高	1825m
標　高　差	約250m
歩　行　時　間	約5時間
歩　行　距　離	約10km

蔵王町役場

📞 0224-33-2211

▲立ち枯れの木々と南蔵王連峰

　蔵王連峰の刈田岳から南の稜線に続く道を南蔵王縦走路といい、その主峰が屏風岳だ。宮城県側の山麓から見ると、南北に屏風を立てたような山並みが伸び、春先には残雪がゼブラ模様に並んだ姿が美しい。

　蔵王エコーラインと蔵王ハイラインの分岐近くにある刈田峠近くの駐車スペース❶にクルマを置き、道標にしたがって南に下っていこう。10分強で刈田峠避難小屋への分岐に着く。避難小屋は分岐から歩いて数分なので、立ち寄ってみてもいい。

　分岐から時折、急登になるが展望のよい稜線が続く。避難小屋から1時間足らず、登

▲芝草平の湿原が広がる

りきったところが前山山頂だ。

　北には刈田岳が大きく、眼下には澄川源流部の深い森が広がっている。

　前山から30分、杉ヶ峰山頂❷を越えてゆるやかに下っていくと高層湿原地帯になっていく。杉ヶ峰から20分ほど、下りきったところが芝草平❸だ。ワタスゲやコザクラ、キンポウゲなど高山植物が咲き誇る雲上の別天地だ。木道があるので、高山植物や池塘を愛でながらのんびり散策したい。

ゆるやかな稜線を屏風岳へ

　屏風岳へは芝草平から丈の低い針葉樹の森を抜け、山腹をトラバース気味に登っていく。登り切ってぽっかりと開けたところが屏風岳山頂❹。特に東側の展望が開け、屏風のような崖の先に後烏帽子岳や水引入道の鋭峰を望む。屏風岳から往復1時間、南屏風岳まで行くハイカーも多い。

　屏風岳からの下山は芝草平❺を経て、往

▲高層湿原の木道を歩く

登山口情報

〈トイレ〉
蔵王山頂レストハウスにある

〈駐車スペース〉
刈田岳近くの駐車スペースに
20台ほど

〈交通アクセス〉
東北自動車道を村田ICで下り、
県道25号線、12号線で遠刈田温
泉、蔵王エコーラインを上がり、
刈田峠方面へ

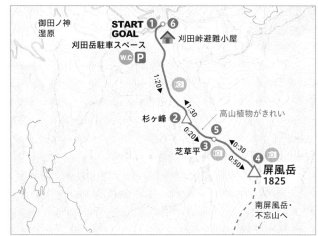

御田ノ神湿原

START GOAL
刈田岳駐車スペース
W.C P

刈田峠避難小屋

1:20

杉ヶ峰
1:30

高山植物がきれい

0:20
芝草平
0:30
0:50

屏風岳
1825

南屏風岳・
不忘山へ

①	2.5km	②	1km	③	1.3km	④	1.3km	⑤	3.5km	⑥
刈田峠駐車スペース		杉ヶ峰山頂		芝草平		屏風岳山頂		芝草平		刈田峠駐車スペース

▲刈田峠駐車スペース

▲広い杉ヶ峰山頂

▲屏風岳山頂

路を駐車スペース⑥へと戻る。屏風岳の肩
から股窪を経て澄川源頭をめぐる道もある
が、刈田峠近くの駐車スペースまで2時間
ほどよぶんにかかり、少し迷いやすい。

ハクサンイチゲ咲く不忘山へ

　健脚者はさらに南に、南屏風岳から不忘
山まで往復するハイカーもいる。屏風岳か
らは往復2時間強。明瞭でハクサンイチゲ
の群落が見られ
る高山の明るい
道。ガレ場もあ
るが、高山植物も
多く楽しめる。

▲秋の不忘山

立ち寄りスポット

御田ノ神湿原
📞 **023-679-2311**（蔵王ライザワールド）

温泉は宮城県側だと遠刈田温泉が近いが、夕
暮れにかけて湿原ハイクを楽しむなら、山形
県側の御田ノ神湿原がおすすめ。1周1時間
ほどで、初夏
から盛夏にか
けてチングル
マやワタスゲ
などが咲き誇
る。冬季には
大樹氷原とな
る。

▲湿原と避難小屋

中級

深い森が四方に広がる東北の名峰

船形山
ふながたやま

▲色麻町から眺めるたおやかな船形山

山歩きDATA

登山シーズン

1 2 3 4 5 **6 7 8 9 10 11** 12

体力レベル　　★ ★ ☆

標　　　高	1500m
標 高 差	約450m
歩 行 時 間	約4時間30分
歩 行 距 離	約7km

色麻町産業振興課

📞 **0229-65-2128**

船形山は遠望すると、伸びやかな尾根を四方に広げ、悠然と構えている。その頂に向かう最短コースは宮城県色麻町からになるが、山域が広いだけに最大の難関は、集落から林道の終点である大滝野営場までかも

▲豊かなブナの林を歩く

しれない。決して悪路ではないが、砂利道が続くので車高のあるクルマで上がることをおすすめする。

大滝野営場の登山口❶からは、美しい森に囲まれた鈴沼への散策路を右手に分け、ゆるやかなブナ林のなかを登っていく。急な登りはなく、1時間30分ほど歩くと、御来光岩、賽の河原に出る。すでに、船形山の山頂部の一角だ。船形山山頂❷へは10分とかからない。立派な避難小屋があり、展望は抜群だ。はてしなく広がる森に、船形山の山域の広大さを感じるだろう。

山頂にいたる道は宮城県側・山形県側ともに数コースがある。それだけにいろいろなコースを選べるが、一方で濃霧や残雪のある時期に、道を見失ってしまうケースもあるので注意したい。

下山は、途中まで升沢コースを利用する。南東に、細い沢のなかを歩いて行くと升沢避難小屋に着く。升沢避難小屋に行かず、

▲色麻大滝を見る

登山口情報

〈トイレ〉
大滝野営場のほか、山中の避難
小屋にある

〈駐車スペース〉
大滝野営場に50台

〈交通アクセス〉
仙台市からは東北自動車道大和
ICで降り、国道457号線で色
麻町、県道156号線の志津集落
あたりから岳山林道に入る

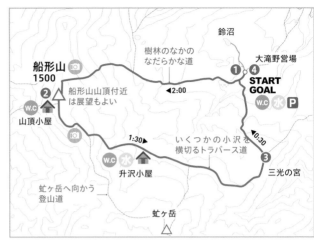

鈴沼
大滝野営場
船形山
1500
樹林のなかの
なだらかな道
◀2:00
START
GOAL
W.C 水 P
▶0:30
船形山山頂付近
は展望もよい
山頂小屋
W.C
いくつかの小沢を
横切るトラバース道
1:30▶
三光の宮
W.C 水
升沢小屋
虹ヶ岳へ向かう
登山道
虹ヶ岳

① 2.6km ② 3.2km ③ 1.2km ④

大滝野営場の登山口	船形山山頂	三光の宮	大滝野営場の登山口

m 1700 1600 1500 1400 1300 1200 1100 1000

▲積雪期の三光の宮付近

▲積雪期の山頂避難小屋

虹ヶ岳を回ってくる稜線コースもある。

　避難小屋から、さらにゆるやかな尾根を
トラバース気味に下ると、三光の宮❸の展
望台。その分岐から升沢コースを離れ、左
手の道を下っていくと、三光の宮から30分
ほどで大滝野営場の登山口❹に戻る。

鈴沼、色麻大滝を探勝

　大滝野営場の周辺にも、見どころは多い。
野営場から往復30分の鈴沼は深い森に囲
まれ、ひっそりとしている。湖畔でのんび
りすれば、ときの経つのも忘れる。野営場
から1キロほど林道を下ったところにある
色麻大滝も一見の価値がある名瀑だ。

立ち寄りスポット

色麻平沢温泉かっぱのゆ
📞 0229-65-4505

宮城県側の山麓の色麻町にある大規模な日帰
り入浴施設。低張性アルカリ性温泉で、食事処
のほか農産物直売センターも併設しているの
で、キャ
ンプなど
の際にも
新鮮な食
材を入手
できる。

世界谷地

栗駒山の山懐に広がる大湿原

せかいやち

初級

山歩きDATA

登山シーズン

| 1 | 2 | 3 | 4 | 5 | 6 | 7 | 8 | 9 | 10 | 11 | 12 |

体力レベル ★ ☆ ☆

標　　　高	700m
標　高　差	約50m
歩　行　時　間	約2時間30分
歩　行　距　離	2.5km

栗原市観光物産協会

☎ **0228-25-4166**

▲秋色に染まる世界谷地

栗駒山の南の山腹に世界谷地と呼ばれる湿原がある。ちょっと大げさな名称だが、第1湿原と、それより標高が50mほど高いところにある第2湿原の2つの湿原に分かれた大湿原だ（ここから栗駒山に向かう登山道も延びている）。

雪のない時期にはサラサドウダン、ニッコウキスゲ、ワタスゲなどの高山植物が咲き誇り、多くのハイカーを迎えている。登山口からは第1湿原だけなら1時間程度、第2湿原を回っても2時間ほどだ。　駐車場❶から道標にしたがって明瞭な道を歩い

ていく。ひと登りするとブナの森のおだやかな道に変わる。

20分ほどすると左手に、第1湿原に下る分岐がある。下っていくと、ほんの5分ほどで第1湿原の入口❷につく。

第1湿原には1周できるように木道が敷かれている。ただ歩くだけなら1周20分とかからない。その木道で花の撮影のために1日を費やすカメラマンもいれば、木道の広場でお弁当を広げる人もいる。また、早春には山麓からスノーシューや歩くスキーを履いて雪山ハイクを楽しむ人もいる。

木道から眺める湿原は、ひときわ開放的だ。北に栗駒山の雄大な山容が広がる。

第2湿原の入口❸は、第1湿原から20分ほど歩いたところにある。こちらも木道を1周するだけなら20分ほどである。

湿原は高山植物や高山蝶などのコンパクトな図鑑を持って、花や蝶などの名前を確かめながらまわるのもいいだろう。湿原を

▲湿原でのんびりと

▲延々と続く湿原の木道

登山口情報

〈トイレ〉
登山口の駐車場にある

〈駐車スペース〉
登山口に40台ほど

〈交通アクセス〉
一関市からは、国道4号、457号、県道179号を経て、荒砥沢ダムへ。駒の湯方面に上がると、世界谷地に着く

↑ 栗駒山へ

第2湿原

❸

以前は立ち入り禁止だったが、2018年に開通。1周約20分

のんびりとした樹林帯の散策路

第1湿原

0:20

❷ 0:20 ❹ ❶ START GOAL

W.C 水 P

広い湿原を木道で1周約20分

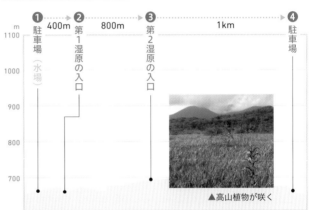

m
1100

❶ 駐車場（水場）
400m
❷ 第1湿原の入口
800m
❸ 第2湿原の入口
1km
❹ 駐車場

1000

900

800

700

▲高山植物が咲く

ひとまわりしたら往路を駐車場❹へ戻ろう。
　ちなみに、世界谷地から栗駒山の山頂をめざすと、登り4時間半、下り3時間くらいはかかる。健脚向きだが、日帰りで登山するのも無理な距離ではない。

岩手宮城内陸地震の爪痕

　栗駒山のとくに南東斜面には、2008年に発生した岩手・宮城内陸地震の爪痕がいたるところに残っている。
　世界谷地の2kmほど東には日本最大級の地すべり崩壊地が「荒砥沢地すべり」がある。現在はガイド付きで崩壊地を見学することができるようになった。

立ち寄りスポット

駒の湯温泉
📞 0228-46-2110

　世界谷地から栗駒山の登山口のいわかがみ平に上がる途中を右折する駒の湯は、地震による土砂崩れに飲み込まれて崩壊したが、温泉施設として復活し多くのハイカーを迎えている。世界谷地の散策はもちろん、栗駒山の下山時にはひと風呂浴びるのもいい。

眼下に牧場が広がる県境の稜線

禿岳
かむろだけ

中級

山歩きDATA

登山シーズン

| 1 | 2 | 3 | 4 | 5 | **6** | **7** | **8** | **9** | **10** | **11** | 12 |

体力レベル　　★★★

標　　　　高	1261m
標　高　差	約470m
歩　行　時　間	約4時間
歩　行　距　離	約5.5km

鬼首温泉観光協会

📞 **0229-86-2111**

▲花立峠から禿岳を望む

　禿岳は宮城県と山形県の県境にそびえる秀峰。宮城側は鬼首の高原牧場の背景に、山形側は前森高原の牧場の背景に、急峻な岩壁を擁して迫り上がる山容を見せている。

　登山コースは3つほどあり、最も手軽なのは、県境の花立峠から往復するコースだ。

　展望の開けた花立峠登山口❶から北に稜線をたどる。小さなコブを抜けると、道はみごとなブナに包まれる樹林帯に入る。

　急登を越えれば、山頂へ向かう展望のよい尾根になる。稜線を渡る風が心地よい。

　山頂までの道は、東側の鬼首高原側がスパッと切れ落ちている岩場をところどころ通過する。展望もよく、決して危険なわけではないが、滑落などに用心したい。

　稜線の一本道を登り切ったところが禿岳山頂❷で、立派な山頂碑が立っている。四方の展望は開け、東には鬼首から荒雄岳。西には山形県の最上町が2つの大きなカルデラ地形のなかにあることがよくわかる。

　下山は小さな岩場に注意しつつ、往路を花立峠登山口❸へと戻る。

前森高原を散策する

　前森高原は禿岳の山形県側の高原牧場。山頂から前森牧場へ直接下るなら歩いて2時間ほどだ。

　山頂から西に向かう登山道を下る。ブナのほか、クロベの巨木などがあり、その独特

▲草の稜線を登る

▲みごとなブナの森

登山口情報

〈トイレ〉
登山コースにはない

〈駐車スペース〉
花立峠に20台ほど

〈交通アクセス〉
仙台市からは、東北自動車道古川ICで降り、国道47号線で鳴子、右折し国道108号線、県道63号線で花立峠

禿岳
1261

広々とした
眺めが広がる

前森高原へ

小さな岩場があり、
展望はよい

鬼首高原

▶1:40 2:00▼

ブナの森を抜ける

花立峠登山口
START
GOAL P

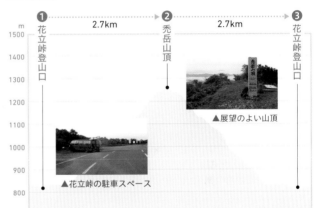

① 花立峠登山口
② 禿岳山頂
③ 花立峠登山口

2.7km　　2.7km

m
1500
1400
1300
1200
1100
1000
900
800

▲展望のよい山頂

▲花立峠の駐車スペース

の雰囲気を訪ねる人も多い。

　もちろん、花立峠からクルマで山形県側に降りてもよい。牧場には乗馬コースやオートキャンプ場、売店、陶芸教室など、さまざまな施設がある。

▲広々とした前森高原

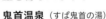

立ち寄りスポット

鬼首温泉（すぱ鬼首の湯）
📞 **0229-86-2493**

花立峠から宮城県側に降りるなら、ぜひ立ち寄りたいのが鳴子温泉郷の1つである鬼首温泉。「すぱ鬼首の湯」という無雪期に利用できる日帰り温泉施設のほか、間欠泉、キャンプ場、牧場など見どころは多い。北東にそびえる荒雄岳の山中には、温泉施設がない野湯があり、野湯探索を楽しむハイカーもいる。

街道脇の好展望台にファミリーハイク

傾城森
けいせいもり

初級

山歩きDATA

登山シーズン

| 1 | 2 | 3 | 4 | 5 | 6 | 7 | 8 | 9 | 10 | 11 | 12 |

体力レベル	★ ★ ★
標　　　高	440m
標　高　差	約130m
歩　行　時　間	約1時間
歩　行　距　離	約2km

七ヶ宿町観光ガイド

📞 **0224-37-2111**(七ヶ宿町役場)

▲山伏森の鋭峰とそのうしろに傾城森が隠れるようにそびえる

　傾城森は宮城県西端の七ヶ宿町の街道沿いにある。街道筋から見ると、標高は低いものの手前の山伏森と二つの岩山が並び、七ヶ宿ダムと合わせて、たくさんの行楽客・ハイカーがやってくる。

　白石川にかかる赤い吊り橋❶を渡って登り始める。道は明瞭で、登ったり平坦になっ

▲樹林のなかのゆるやかな登り

たりを繰り返しながら、途中で山伏森の分岐❷を分けて稜線の鞍部に出る。

　傾城森山頂❸へは左手、山頂を回り込むようにして階段状の急な道を登る。

　山頂の展望は木の間越しによく、東に七ヶ宿ダム、西に七ヶ宿街道の集落、北に蔵王連峰の不忘岳の広い裾野がよく見える。

　とくに七ヶ宿街道と宿場町の牧歌的な風情は、ここが古くからの街道筋であったことをあらためて感じさせてくれる。

　下山は往路を戻る。吊り橋に下りる手前で、山伏森を往復してくるのもよい。山伏森の分岐❹から往復すると30分足らず。山伏森山頂❺のベンチで一息入れるといい。

七ヶ宿公園を散策する

　七ヶ宿公園は傾城森の麓を流れる白石川にできた七ヶ宿ダム湖にある公園施設だ。

　湖畔には道の駅が整備され、周囲はグランドゴルフ場や運動広場、芝生広場なども

▲山頂からの展望

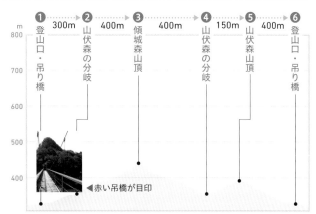

山伏森の往復は
30分足らず

七ヶ宿公園

道の駅のある七ヶ宿公園に
クルマを置いて歩いてもよい。
登山口の吊り橋まで30分と
かからない

登山口情報

〈トイレ〉
登山口近くの「道の駅七ヶ宿」にある。山中にはない

〈駐車スペース〉
吊り橋付近に20台ほど。道の駅七ヶ宿に50台以上

〈交通アクセス〉
白石市からは国道113号線を西へ。県道51号線との交差点の手前に広い駐車スペースがある

◀赤い吊橋が目印

ある自然休養公園となっている。
　また、道の駅に併設する「水と歴史の館」では、七ヶ宿の歴史を紹介するコーナーもあり、自由に見学できる。

▲山頂から西に、街道筋を見下ろす

立ち寄りスポット

小原温泉かつらの湯
📞 **0224-26-2042**（白石駅観光案内所）

小原温泉の白石川の畔にある共同浴場。小原温泉は開湯800年の歴史のある古い温泉地だが、かつらの湯は、近年、川の増水で埋もれてしまっていた温泉を半洞窟の岩風呂の公衆浴場として白石市が復活させた。

小山が連なる里山景観を堪能する

七ツ森
ななつもり

初級

▲山麓から望むほのぼのとした七ツ森

山歩きDATA

登山シーズン

1 2 3 **4 5 6 7 8 9 10 11** 12

体力レベル ★★★

標　　　　高	359m (撫倉山)
標　高　差	約300m
歩　行　時　間	約3時間30分
歩　行　距　離	約5.5km

大和町観光物産協会

☎ 022-345-7501

　七ツ森は、まるで昔話、おとぎ話に出てくるような山並みだ。北から遂倉山、鎌倉山、蜂倉山、大倉山、撫倉山、松倉山、少し離れて笹倉山と、7つの倉（山）がそれぞれ小さいながらも独立峰として並んでいる。

　古い火山群で、最もよく登られるのが松倉山、標高が高いのが笹倉山や撫倉山だ。松倉山へは、山麓の信楽寺跡から2時間足らずで往復できる。

　ところが、離れた笹倉山を除いても、6つ

▲周辺の山を眺めながらハイキング

の山を登ろうと思うと1日がかりとなる。さらに全山を登り、山頂に祀られている薬師如来像を1日でお参りすることを、地元では「七薬師掛け」と呼んでいる。アップダウンがあり、健脚者にはおすすめだ。

　信楽寺跡❶から北に樹林の急な道を登っていくと、1時間足らずで松倉山山頂❷に着く。展望はあまりよくないが、泉ヶ岳が優美な山容を見せている。

　松倉山から下ること30分ほどで撫倉山の鞍部に着き、さらに南に回り込むようにして登ると、撫倉山山頂❸だ。

　松倉山より標高が高く、展望も開けている。西に船形山の伸びやかな山容、東に遠く太平洋も望むことができるだろう。

　撫倉山から大倉山との鞍部への下りは岩場やハシゴがあるので注意したい。下りきった鞍部のあたりで、七ツ森の山間を縫う七ツ森自然遊歩道と出会うので、その遊歩道を進むと、信楽寺跡❹に出られる。もちろん、

▲信楽寺跡から松倉山へ

登山口情報

〈トイレ〉
登山口の信楽寺跡にある

〈駐車スペース〉
信楽寺跡に30台ほど

〈交通アクセス〉
仙台からは国道4号線を北へ、富谷町仏所交差点を左折し、国道457号線で山麓の宮床地区へ

遂倉山

鎌倉山

蜂倉山

大倉山

岩場などがある

7つの山の頂をめぐることは七薬師掛けと呼ばれている

撫倉山
359

七ツ森湖

回り込むようにして山頂に登る

松倉山

1:10

2

0:40

樹林のなかの急登

W.C P

START
GOAL

七ツ森
ふれあいの里

七ツ森自然遊歩道をゆく

4

1

← 笹倉山へ

信楽寺跡

1:30

3

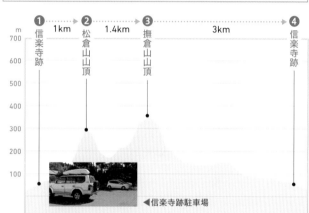

| ❶ | ❷ | ❸ | | ❹ |
| 信楽寺跡 | 松倉山山頂 | 撫倉山山頂 | | 信楽寺跡 |

1km　　1.4km　　　　3km

▲信楽寺跡駐車場

天候や時間の余裕によっては大倉山、蜂倉山に足を伸ばしてもよいだろう。

七ツ森湖畔公園を散策

　七ツ森の西に広がる七ツ森湖にある公園。
　七ツ森ふれあいの里にはダム資料館のほか、立輪水辺公園、陶芸体験館などがあり、行楽客でにぎわっている。

▲七ツ森湖から鎌倉山を望む

立ち寄りスポット

禪興寺
☎ 022-345-2063

七ツ森周辺には信楽寺跡をはじめ、名刹・古刹がいくつかある。そのうち七ツ森東麓にある禪興寺は、山門が美しく、また、駐車場わきに立つ天明大飢饉餓死者供養碑を訪ねる人も多い。
山門の脇にある地蔵もユニークな表情をしている。

重厚な山容と渓谷美で知られる名山

大東岳

だいとうだけ

上級

山歩きDATA

登山シーズン

1 2 3 4 5 6 7 8 9 10 11 12

体力レベル	★ ★ ★
標　　　高	1365m
標　高　差	約980m
歩　行　時　間	約7時間
歩　行　距　離	約11.5km

仙台市秋保ビジターセンター
（2024年6月まで休館予定）
📞 **022-399-2324**

▲田園の先にどっしりと構える大東岳

大東岳は仙台市の西部、山形県の県境に近い面白山高原の一角にそびえる。どっしりとした重厚な山容は麓からもよくわかり、仙台のハイカーに親しまれている。

決して危険なむずかしい山ではないが、中高年ハイカーの増加もあってか、宮城県ではコース中の危険なところを明示して事故防止を呼びかけている。登山道での滑落に注意すべき場所などを示しているが、とくに悪天候時には留意しておきたい。

▲眺めのよい山頂

大東岳の一般的なルートは尾根沿いの表コースを登り、山頂から西に大行沢に降り、沢沿いの道の裏コースを下るコースである。登山口である秋保ビジターセンター❶から2時間ほどは尾根に上がるために、小行沢につけられたジグザグ道を上がる。

尾根に上がったところが5合目❷だ。5合目の先も急登が続き、こぶし平、鼻こすりなどの休憩地や岩のゴロゴロと露出した道を登ると大東岳山頂❸に着く。

下山は西へ裏コースを行く。ゆるやかな道も弥吉ころばしと呼ばれるあたりから急降下し、大行沢の支流のケヤキ沢沿いを下り、樋の沢避難小屋❹に着く。避難小屋からは大行沢に沿った渓流沿いの散策路。渓流一杯の岩盤に流れるナメや小滝、渓流を包む森を楽しみながら下る。

大行沢を散策する

大東岳の裏コースである大行沢。オオナ

▲登り始めは森の道

登山口情報

〈トイレ〉
登山口の秋保ビジターセンター
にある

〈駐車スペース〉
登山口、ビジターセンター周辺
などに50台以上

〈交通アクセス〉
仙台市からは国道286号線を経
て、県道62号線を西へ、秋保、二
口へ

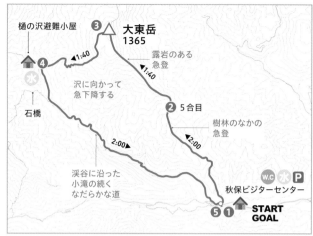

樋の沢避難小屋
③
大東岳
1365

↙1:40

露岩のある
急登
◀1:40

沢に向かって
急下降する

④

石橋

②5合目

樹林のなかの
急登
↘2:00

2:00▶

渓谷に沿った
小滝の続く
なだらかな道

W.C 水 P
秋保ビジターセンター

⑤①
START
GOAL

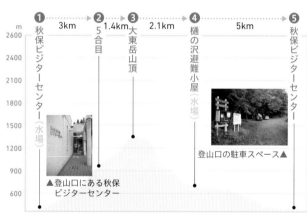

m
2600

① 3km ② 1.4km ③ 2.1km ④ 5km ⑤

秋保ビジターセンター（水場）

5合目

大東岳山頂

樋の沢避難小屋（水場）

秋保ビジターセンター

2400
2100
1800
1500
1200
900
600

▲登山口にある秋保
ビジターセンター

登山口の駐車スペース▲

メ沢と読み、文字どおり川幅一杯のナメ滝、
裏盤司の岩壁など見どころも多い。

　大行沢を樋の沢避難小屋まで往復するハ
イカー、また、避難小屋の下流右岸のカケス
沢を石橋まで探勝しているハイカーも時折
見かける。なお、大行沢は初心者・中級者の
沢登り、キャニオニングでの利用も多い。

　カケス沢の石橋に行くには秋保ビジター
センターで情
報を入手し、
往復4時間ほ
ど。新緑や紅
葉期の渓流美
は格別だ。

▲カケス沢を登った先にある石橋

立ち寄りスポット

秋保大滝
📞 **022-398-2323**（秋保温泉郷観光案内所）

登山口に向かう国道
286号線（二口街道）
沿いにある名瀑。国
指定名勝に選定さ
れ、幅6m、落差55m
の大滝で、日本三大
名瀑の一つとされて
いる。周囲の散策道
や展望台、自然公園、
植物園、売店などが
整備されている。

中級

仙台近郊の渓流散策のメッカ

二口渓谷
ふたくちけいこく

山歩きDATA

登山シーズン

| 1 | 2 | 3 | 4 | 5 | 6 | 7 | 8 | 9 | 10 | 11 | 12 |

体力レベル　★★☆

標　　　高	580m
標　高　差	約200m
歩 行 時 間	約3時間30分
歩 行 距 離	約10km

仙台市秋保ビジターセンター
(2024年6月まで休館予定)
📞 **022-399-2324**

▲渓谷から見上げる盤司岩

　二口渓谷は、仙台市街からクルマで1時間ほどの二口地区の奥にある。盤司岩という懸崖が渓谷に沿い、その下をいくつものナメ滝が落ちる。渓谷を散策する遊歩道があり、その道を散策するハイカーもいるが、一方、周辺の渓谷も含めて、東北の沢登りを楽しむ人が最初に訪れる沢でもある。ここでは、遊歩道のコースを中心に紹介する。

　登山口は二口渓谷キャンプ場❶から。駐車場の脇を対岸に渡る遊歩道が延びている。

▲姉妹滝を見る

　しばらくは渓谷の流れを離れる。木々の間から渓谷の優しい流れが見える。

　遊歩道を1時間ほど歩くと、対岸に渡る橋に出る。この先に姉滝❷がある。遊歩道は橋を渡って左岸の林道に上がるが、ぜひ滝まで見に行ってみよう。

　広い岩盤いっぱいに流れるナメを避けつつ踏み跡を歩くこと10分、姉滝の前に出る。落差は20m足らずだが、姉滝の左手には妹滝がかかり、2つの滝が姉妹滝として渓谷に合流している。

　この姉滝は、甌穴と滝とが結合しためずらしいもので、昭和9年に国の天然記念物に指定された。だが、その後、甌穴部分が崩壊したため現在の姿になったという。

　滝見物を終えたら、遊歩道を林道に上がる前に左手に向かう道を進むと、姉滝の落ち口近くに出る。落ち口の上流は岩盤を流れがくりぬいたようになっていて、滑りやすいので注意したい。

▲奇石のある滝を見る

↑大東岳へ

盤司岩

二口渓谷
キャンプ場

⑤ **START**
GOAL
①

白糸の滝 0:50▶
③ 姉滝 **②** 0:40▶
◀1:00 ◀0:50

w.c 水 P

遊歩道が荒れている場合は
林道を歩いていく。二口林
道はクルマの通行が禁止に
なっていることがある。

登山口情報

〈トイレ〉
登山口の二口渓谷キャンプ場の
駐車場にある

〈駐車スペース〉
登山口のキャンプ場周辺に30
台以上

〈交通アクセス〉
仙台市からは国道286号線を経
て、県道62号線を西へ、秋保、二
口へ

```
m
800

700

600

500

400
```

① 2.1km **②** 3km **③** 3km **④** 2.1km **⑤**
二口渓谷キャンプ場（水場）　姉滝　白糸の滝　姉滝　二口渓谷キャンプ場

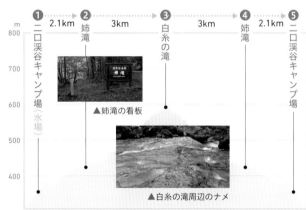
▲姉滝の看板

▲白糸の滝周辺のナメ

盤司岩から白糸の滝へ

　遊歩道を斜めに登り林道に出る。遊歩道
は終わり、ここから下ることになるが、林道
を歩きながら渓谷の上部を探勝していこう。

　姉滝の案内版から木漏れ日の林道をのん
びり30分足らず歩くと林道に橋があり、対
岸に渡る。この一帯の左岸（下流に向かっ
て左）に盤司岩の大岩壁が連なっている。

　林道の橋から30分ほど登ると、右手に渓
谷に下りる山道がある。下ったところが白
糸の滝**③**。大きな岩盤をすだれのように流
れ落ちている。白糸の滝の上にも林道は続
くが、渓谷探勝はここまでにして、林道を姉
滝**④**、二口渓谷キャンプ場**⑤**へ下っていく。

立ち寄りスポット

秋保温泉
📞 022-398-2774（秋保温泉共同浴場）

秋保温泉は、仙台市街と二口地区の中間地点
くらいにある大きな温泉郷。作並温泉ととも
に仙台の奥座敷として知られる。
古墳時代には、天皇の皮膚病をいやし「名取の
御湯」といわれ、皇室の御料温泉の一つとして
位置づけられた。その後、別所温泉（信濃御湯）、
野沢温泉（犬養御湯）とともに「日本三御湯」と
称されるようになる。

　旅館でも立ち寄り入浴を受け付けて
いるが、共同浴場は料金が安く、銭湯
気分で気軽に入浴できる。

泉ヶ岳
いずみがたけ

仙台の西に広がる山麓は、一大リゾートに

初級

▲南麓から仰ぐ泉ヶ岳

山歩きDATA

登山シーズン

1 2 3 4 **5** 6 7 8 9 10 **11** 12

体 力 レ ベ ル　　★ ★ ☆

標　　　高　　　1172m

標 高 差　　　約650m

歩 行 時 間　約4時間30分

歩 行 距 離　　約7.5km

泉ヶ岳スキー場

📞 **022-379-1250**

　泉ヶ岳はまさに仙台市民の山だ。ハイキングにキャンプにスキーにと、四季を問わず訪れる人が多い。登山道も泉ガ岳スキー場を拠点に4本のコースが開かれている。

　ただ、雪のない時期にスキー場を歩くのも少し興ざめするもの。そこで、一般的なコースでスキー場を経由しない表コースを登り、水神コースを下山する道を紹介しよう。

　キャンプ場やリゾート施設のある泉ヶ岳スキー場❶の駐車場から2km近く車道を

▲表コースを登る

登る。青年の家をすぎ、車道が大きく右にカーブする手前が表コース登山口❷である。樹林帯のなかを薬師沢に向けて登る。

　水場をすぎ、胎内くぐりの岩場を抜け、尾根を急登していくと灌木帯になり、標高も高くなり展望も開けてくる。

　尾根に出てからは泉ヶ岳山頂❸まで30分ほど。登るほどに展望が開け、裸地状の広い頂に着く。山頂には祠があり、とくに南東側の展望がよい。晴れた日には仙台市街も一望できるだろう。

　下山は水神コースをたどる。頂上直下の賽の河原あたりまでは展望もよいが、その先から樹林帯の急坂を下る。山頂から1時間足らず下り、沢筋に出たところが水神❹で、大きな石碑がある。

　水神からはブナ林のなか、沢の左岸に延びるゆるやかな道を下っていく。やがて周囲が開けるようになると、泉ヶ岳スキー場❺の駐車場はすぐだ。

▲樹林のなかを下る

登山口情報

〈トイレ〉
登山口となる泉ヶ岳スキー場にある

〈駐車スペース〉
泉ヶ岳スキー場に1000台以上

〈交通アクセス〉
仙台市からは泉IC、県道223号線を西へ泉ヶ岳スキー場へ

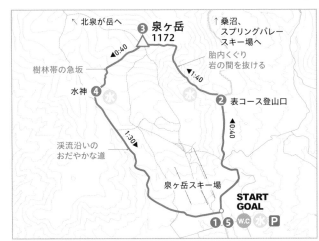

↖北泉が岳へ

③ 泉ヶ岳
1172

↑桑沼、
スプリングバレー
スキー場へ

◀0:40

樹林帯の急坂

胎内くぐり
岩の間を抜ける

▼1:40

水神 ④ ❄

② 表コース登山口

◀0:40

渓流沿いの
おだやかな道

1:30 ▼

泉ヶ岳スキー場

START
GOAL

① ⑤ W.C ❄ P

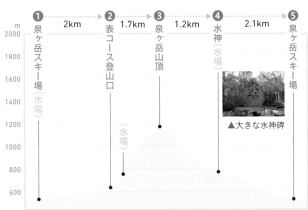

❶		❷		❸		❹		❺
泉ヶ岳スキー場（水場）	2km	表コース登山口（水場）	1.7km	泉ヶ岳山頂	1.2km	水神（水場）	2.1km	泉ヶ岳スキー場

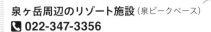

▲大きな水神碑

桑沼を散策する

　泉ヶ岳の北にそびえる北泉ヶ岳。その山懐にひっそりと佇むのが桑沼。

　時間があれば、クルマで沼に行き、遊歩道の散策を楽しみたい。

　深閑とした森を満喫できる。

▲深いブナの森に囲まれた桑沼

立ち寄りスポット

泉ヶ岳周辺のリゾート施設（泉ピークベース）
📞 **022-347-3356**

泉ヶ岳周辺には、広大なオートキャンプ場がある。泉ピークベース、古くから親しまれた泉スキー場、新しいスプリングバレー仙台泉スキー場など、四季を通じて楽しめるリゾート施設が多い。このため、冬にスノーシューを履いて泉ヶ岳周辺を散策するハイカーも増えた。

▲広々としたオートキャンプ場

次々と現れる岩場を手軽に半日ハイク

岩岳
いわだけ

初級

▲第1登山口から見上げる山頂付近

山歩きDATA

登山シーズン

| 1 | 2 | 3 | 4 | 5 | 6 | 7 | 8 | 9 | 10 | 11 | 12 |

体力レベル	★★☆
標　　高	430m
標　高　差	約150m
歩　行　時　間	約2時間
歩　行　距　離	約3km

丸森町観光案内所

📞 **0224-72-6663**

　岩岳は、宮城県の南部、丸森町に位置し、ロッククライミングのゲレンデとして、また山岳霊場として知られる山。近郊のクライマーがトレーニングに訪れるが、登山道も整備されているため、初心者も岩場歩きを手軽に楽しめる。登山口は南北に合わせて3か所あり、どこから登っても1時間ほどで山頂に着く。

　最もよく利用されるのは、鷲の平川の奥

▲山麓から手軽に登れる山

の第1登山口❶から登り、下流の第2登山口に降りるコース。駐車場の側壁に着いた道を登り、杉林のなかを歩く。

　20分ほどで尾根の鞍部に出て、そこから右手に登っていくと岩岳山頂❷だ。展望はよく、阿武隈山地北部の延々と連なる高原状の山並みが見渡せる。

　山頂からは東に尾根を縦走する。最初の急下降に少し手間取るが、あとは気楽な展望ハイク。途中の岩場の景観を楽しみつつ歩くと、第1見晴台❸、第2見晴台に、それぞれ少し寄り道になるが、たどり着く。

　下山は第2見晴台の手前から右手に、第2登山口❹に向かう小尾根を下る。

　標高が岩岳山頂でも400m強と低いため、下山もあっけないくらいにすぐ鷲の平川沿いの林道にたどり着く。

　クルマを第1登山口に置いているなら、川の瀬音を楽しみながら林道を歩いて10分ほどで第1登山口❺に戻れる。

▲登り始めは樹林のなか

登山口情報

〈トイレ〉
第1登山口にある

〈駐車スペース〉
第1登山口に20台ほど

〈交通アクセス〉
白石市からは国道113号線で角田、丸森を経て県道45号線で内川へ

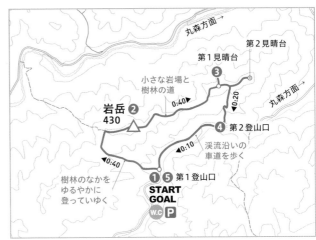

丸森方面→

第2見晴台

第1見晴台

小さな岩場と
樹林の道

岩岳
430

0:40▶

3

0:20▼

丸森方面→

4 第2登山口

0:10▶

渓流沿いの
車道を歩く

1 5 第1登山口
START
GOAL
w.c P

0:40▼

樹林のなかを
ゆるやかに
登っていゆく

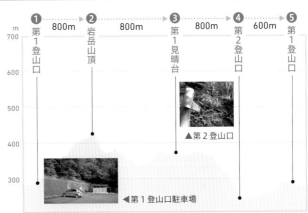

① 第1登山口	800m	② 岩岳山頂	800m	③ 第1見晴台	800m	④ 第2登山口	600m	⑤ 第1登山口

m
700

600

500

400

300

▲第2登山口

◀第1登山口駐車場

不動尊公園を散策する

　岩岳の登山口近く、国民宿舎あぶくま荘の対岸には不動尊公園があり、キャンプ場もある。休日はキャンプや内川渓谷の川遊びのファミリーで賑わう。

　隣接する国民宿舎あぶくま荘には、天然の鉱石を使ってミネラルを溶かし込んだ「ヘルストン温泉」がある。

　そこで汗を流すのもいいだろう。

▲美しい渓谷に沿う林道を歩く

立ち寄りスポット

駒場瀧不動尊
📞 0224-72-6003

不動尊公園に隣接する寺院で、修験山伏の祈願寺院として知られる。

岩岳はその修験山伏の霊場であり、春には境内一面に咲くヒメシャガの見物に訪れる人も多い。

山形県の山・湿原・渓流

山形県の山は、北部の鳥海山、中部の月山、それと奥羽山脈に連なる山々と福島県境に聳える吾妻連峰、さらに朝日・飯豊連峰と名峰ぞろいだ。

鳥海山

　東北を代表する名山の鳥海山は日本海も近く、冬は豪雪で容易に人を寄せつけない。だが、7月〜10月はドライブウェイなどを使って多くのハイカーが訪れる。登山もよいが、山体が大きく裾野が広いだけに、山頂以外にも見どころは多い。鶴間池、鳥海湖など山腹・山麓の湖沼などを楽しむのもおすすめだ。

　鳥海山など周囲を火口壁に囲まれ山頂がドーム状の火山は、山頂手前で登り返しがあり、意外に体力を消耗する。登ったけれど、体力を消耗して下山できないといったことのないよう、天候や体調とも相談して登るようにしたい。

月山

　月山は南北に延びる登山道を利用する登山客が多く、西には湯殿山を従えて、多くのハイカーを迎えるが、東は念仏ヶ原の湿原まで長い縦走路が延びている。

　ドライブウェイで登山口まで上がれば日帰りできるが、雪国の山は初夏、残雪のトラバースなどで霧に巻かれて道や方角を見失ってしまうケースがある。クマと出くわすこともあるようだ。ちょっとしたことから遭難騒ぎに発展することもあるので、十分に注意したい。

　夏、快晴ならば高山植物が咲き誇るたおやかな稜線がハイカーを待っている。

奥羽山脈と吾妻連峰

　奥羽山脈の山形県側は山形蔵王など冬の樹氷で知られる山もあり、東西に峠を越える国道・林道を利用すればブナに囲まれた1000メートル級の山を手軽に登山できるコースがいくつかある。

　また、奥羽山脈から派生した神室連峰なども、急峻だが、近郊に住む人にとっては日帰り可能な山域である。

　主峰の神室山は秋田県側からもよく登られている。ただ、標高のわりには奥深い山であり、登る前には念のため地元自治体などの情報を確認するようにしたい。

　山形県南部は福島県境を分かつ吾妻連峰が西に延びる。天元台や西吾妻山などが多くのハイカーを迎えている。

飯豊・朝日連峰

　新潟県との県境に連なる朝日連峰、また新潟県・福島県にまたがる飯豊連峰は、日本でも山懐の大きい山塊として知られる。通常は数泊して稜線を縦走する登山客が多いが、朝早立ちすれば、日帰りで登れる山もいくつかある。

　懐が深い山域だけに健脚者・上級者向きの山が多いが、日本では数少ない偽高山帯の山稜を楽しめる山域でもある。

　なお、山深いこの山域ではクマとの遭遇もあるので、鈴を鳴らす、単独では行かないことなどに留意したい。

鳥海山 P.90

笙ヶ岳 P.92

坂田みなと IC

日本海

小又山 P.108

鶴岡　●新庄

羽黒山 P.114　　翁山 P.112

月山 P.94　二ツ森 P.110

大鳥池 P.106

東根 IC

竜門山 P.104

山形 JCT

小朝日岳 P.102

山形

南陽高畠 IC

米沢

東大巓 P.100

西吾妻山 P.97

elevation

山形県の主な山
標高ランキング

1　鳥海山
　　（ちょうかいざん）……………… 2236m

2　西吾妻山
　　（にしあづまやま）……………… 2035m

3　北股岳
　　（きたまただけ）………………… 2025m

4　月山
　　（がっさん）……………………… 1984m

5　西大巓
　　（にしだいてん）………………… 1982m

6　東大巓
　　（ひがしだいてん）……………… 1928m

7　大朝日岳
　　（おおあさひだけ）………… 1871m

8　熊野岳
　　（くまのだけ）…………………… 1841m

9　以東岳
　　（いとうだけ）…………………… 1772m

10　飯森山
　　（いいもりさん）………………… 1595m

東北を代表する名峰と湖沼群

鳥海山
ちょうかいさん

上級

山歩きDATA

登山シーズン

| 1 | 2 | 3 | 4 | 5 | 6 | 7 | 8 | 9 | 10 | 11 | 12 |

体力レベル	★ ★ ★
標　　　高	2236m
標 高 差	約1100m
歩 行 時 間	約9時間
歩 行 距 離	約12km

遊佐町役場観光物産係

☎ 0234-72-5886

▲鳥海湖から山頂を望む

　秋田県と山形県にまたがる鳥海山は、四方から登山道が通じているが、日帰り可能なコースは限られる。そのうちの1つが南山腹の滝ノ小屋近くから登る湯ノ台道だ。

　トイレの完備した駐車スペース❶から、灌木のなかの道を登ること20分で滝ノ小屋❷。そこから展望のよい八丁坂を登ると、広い河原宿小屋❸に着く。

　ひと休みして夏遅くまで残る雪渓を登る。雪渓の上は滑りやすく、濃霧だと道を見失

▲鳥海山は高山植物の宝庫だ

いやすいので注意しよう。登り着いたところは外輪山の一角の伏拝岳❹である。

　目の前に鳥海山の本峰である新山が大きい。また、南には出羽丘陵の低い山並みが遠く霞む。ここから鳥海山山頂には、いったんトラバース気味に御室まで下って岩場の道を登り返す。岩の累々と重なる鳥海山山頂❺の展望は抜群で、はてしなく続くみちのくの山々が見渡せる。

　下山は時間が許せばプラス2時間ほどかかるが、鳥海湖をまわって湿原をトラバースし、河原宿に戻ることができる。ただし、大きな山だけに時間もかかるので、健脚でないなら往路を戻るほうがよい。

鳥海湖コースを回る

　山頂を目指すのが時間的・体力的に厳しい場合、ムリに登頂せず、伏拝岳で眺望を楽しみ鳥海湖をまわって下山するのもおすすめだ。伏拝岳から鳥海湖、河原宿まで3時

▲雲海も美しい

象潟コース
(←象潟)　鳥海湖

鳥海山 展望は抜群
2236

0:50
0:40
5 鳥海小屋 W.C
6
1:30
1:00
2:20
伏拝岳

例年、雪渓が遅くまで残る

水
河原宿小屋

W.C 水 7 3
0:40 1:00
0:20
8 2
水 1
9

滝ノ小屋

湯の台口

START
GOAL

鶴間池

W.C 水 P

登山口情報

〈トイレ〉
登山口の駐車スペースのほか、
各小屋にある

〈駐車スペース〉
登山口とその下に計100台ほど

〈交通アクセス〉
酒田市からは国道344号線、県
道366号線、368号線を経て草
津地区から湯ノ台温泉へ

| ❶ | ❷ | ❸ | ❹ | ❺ | ❻ | ❼ | ❽ | ❾ |
| m | 700m | 1.5km | 2.5km | 1.3km | 1.3km | 2.5km | 1.5km | 700m |

m
2600
3300
3000
2700
2400
2100
1800
1500

❶ 湯の台口駐車スペース（水場）
❷ 滝ノ小屋（水場）
❸ 河原宿小屋（水場）
❹ 伏拝岳
❺ 鳥海山山頂
❻ 伏拝岳
❼ 河原宿小屋
❽ 滝ノ小屋
❾ 湯の台口駐車スペース

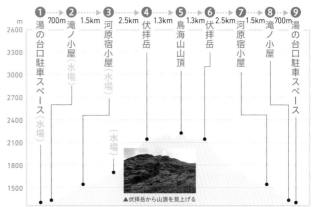

▲伏拝岳から山頂を見上げる

間くらいだ。鳥海湖近くの稜線には御浜小
屋がある。湖を前景に、本峰をバックにし
た風景は、一幅の絵画のようだ。

　なお、鳥海山山頂ではなく鳥海湖が目標
なら、山形県側の鉾立山荘からの象潟口
コースが近く、5時間ほどで往復できる。

▲草稜の木道を行く

立ち寄りスポット

湯ノ台温泉
☎ 0234-61-1727（鳥海山荘）

鳥海高原家族旅行村にある温泉。展望もよい
温泉で、鳥海山に登った汗を流すのによい。
鳥海高原家族旅行村はキャンプ場、バンガロー、
グラウンドゴルフ場など各種の施設がそろっ
ている。湿原
もきれいだ
から、散策に
もいいだろう。

鳥海山と日本海の大展望台

笙ヶ岳
しょうがだけ

中級

山歩きDATA

登山シーズン

| 1 | 2 | 3 | 4 | 5 | 6 | 7 | 8 | 9 | 10 | 11 | 12 |

体力レベル　★★☆

標　　　高　　　　1635m

標　高　差　　　約750m

歩　行　時　間　約5時間30分

歩　行　距　離　　　約8km

遊佐鳥海観光協会

📞 **0234-72-5666**

▲3つの頂がつらなる笙ヶ岳

笙ヶ岳は鳥海山の西に前衛峰のようにそびえる山。鳥海山本峰(新山)に日帰りで登るのは健脚者が朝早立ちしないとむずかしい。ところが、鳥海山の一部ともいえる笙ヶ岳であれば、比較的手軽であり、美しい草稜が続く。山頂から鳥海山や日本海、酒田のまちの大展望を楽しむこともできる。

吹浦口登山口❶にクルマを置き、吹浦口コースを登っていこう。登山口からはよく整備された一本道だ。見晴台をすぎると道は少しゆるやかになり、高山の雰囲気に包まれてくる。この先、7月初旬あたりまではところどころに残雪があり、濃霧のときな

▲河原宿跡付近の眺め

どは道迷いに注意したい。

登山口から約2時間、高層湿原状になり河原宿跡分岐❷を右手にとれば笙ヶ岳は近い。左手は御浜小屋・鳥海湖への道だ。

分岐から20分で笙ヶ岳のへ稜線、長坂道に出て(長坂道T字分岐)、右にたどれば40分で笙ヶ岳山頂❸に着く。

高山植物咲き誇るプロムナード

長坂道T字分岐から山頂までは笙ヶ岳三峰、二峰と続く草稜の伸びやかな道。多少のアップダウンはあるものの池塘もあり、高山植物も咲き誇るプロムナードだ。

何より、左手に大きく尾根を広げる鳥海山の山容が、ことのほか優美に映える。笙ヶ岳山頂からは眼下に庄内平野と日本海を見下ろし、海風が心地よい。

下山は往路を、河原宿跡分岐❹を経て吹浦口登山口❺へ戻る。時間があれば鳥海湖を見に行ってもいいだろう。御浜小屋を経

▲ハクサンフウロ・リンドウ

▲笙ヶ岳への尾根を歩く

登山口情報

〈トイレ〉
登山口に近い太平山荘にある

〈駐車スペース〉
吹浦口登山口に10台ほど

〈交通アクセス〉
酒田市からは国道7号線、県道
210号線で太平山荘へ

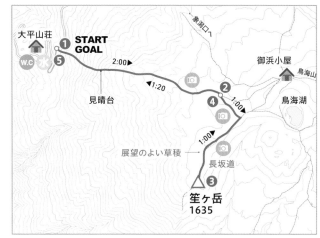

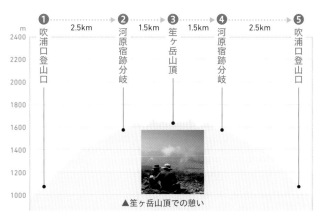

▲笙ヶ岳山頂での憩い

由して河原宿跡へ、よけいに1時間近くか
かるが、草稜が広がるなか山上湖の美しさ
と鳥海山の懐の深さをより堪能できる。

▲稜線から望む鳥海山

立ち寄りスポット

あぽん西浜・太平山荘
📞 0234-77-3333

あぽん西浜は鳥海温泉郷の一つで、海と山の
恵まれた自然の中で、温泉を楽しみながら健
康づくりができる本格的保養センター。なお、
あぽん西浜を運営する遊佐町総合交流促進施
設(株)は、笙ヶ岳の登山口に近い大平山荘も
運営し、太平
山荘でも入浴
できる。

太平山荘

夏スキーも盛んななだらかな独立峰

月山
がっさん

中級

▲弥陀ヶ原から山頂を望む

山歩きDATA

登山シーズン

| 1 | 2 | 3 | 4 | 5 | 6 | 7 | 8 | 9 | 10 | 11 | 12 |

体力レベル	★★☆
標　　　高	1984m
標　高　差	約600m
歩　行　時　間	約6時間
歩　行　距　離	約10km

月山観光開発㈱

☎ 0237-74-2218

　月山は山形県中部に位置するたおやかな独立峰。最上川を隔てて北にそびえる鳥海山と並び称され、とくに豊富な残雪は夏スキーを楽しめるゲレンデのある山として多くのスキーヤーにも親しまれている。

　登山道は四方からあるが、ハイカーが多いのは北の弥陀ヶ原から広い尾根を登るコースと、南の姥沢からのコース。ここでは、弥陀ヶ原からのコースを紹介する。

　8合目駐車場❶から山頂まで、ずっと展

▲ゆるやかな尾根を山頂に向かう

望のよいゆるやかな尾根を登っていく。北に弥陀ヶ原の湿原を見て、一の岳を登ると仏生池小屋❷に着く。小屋前に小さな仏生池がある。ここが、山頂までのコースの半分強くらい。あとの半分もおおむねゆるやかな登りで、高山植物を愛でながら登れば月山山頂❸にたどり着く。

　山小屋のある山頂一帯は広々としていて、山頂にある月山神社の周囲はゴツゴツした岩が重なっている。

　参拝料を払い、山頂から見渡せば、四方に広がる尾根の広さ、山容全体の大きさにあらためて驚かされるだろう。

　北に霞む鳥海山はもちろんのこと、南には庄内平野から遠く朝日連峰の黒い山並みが見え、西には日本海を見下ろし、東には奥羽山脈が屏風のように延々と連なっている。

　下山は往路仏生池小屋❹、8合目駐車場❺へと戻るが、バスやタクシーで8合目登山口まで来たなら、南に姥沢に降りてもよい。

▲春スキー、夏スキーも盛んな
姥沢コース

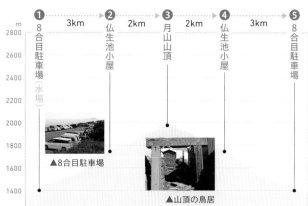

START
GOAL
8合目駐車場
弥陀ヶ原の高層湿原
高山植物が咲き誇る木道

御田原
参籠所

仏生池小屋
東に広い草稜が
広がる展望の道

モックラ坂

月山
1984
展望の広い
山頂

念仏ヶ原から
肘付温泉に向かう道

山頂小屋

登山口情報

〈トイレ〉
8合目登山口や2つの山小屋に
ある

〈駐車スペース〉
登山口のレストハウス前に150
台ほど

〈交通アクセス〉
鶴岡市から、県道47号線、211号
線を経て8合目へ

```
①       3km   ②      2km   ③      2km   ④      3km   ⑤
8             仏            月            仏            8
合             生            山            生            合
目             池            頂            池            目
駐             小                          小            駐
車             屋                          屋            車
場                                                      場
（
水
場
）
```

▲8合目駐車場

▲山頂の鳥居

スキー場のリフト上駅まで2時間足らずだ。

　なお、月山一帯は雪深い土地なので、残雪の時期の濃霧などの際は方角を見失わないようにしたい。山頂付近では、東の念仏ヶ原方向、南東の清川行人小屋方向に誤って入ってしまうこともある。

弥陀ヶ原の大湿原を散策

　弥陀ヶ原は8合目登山口の標高1450mあたりに広がる高層湿原。木道を1周30分ほどでまわってくることができるが、時間の許す限り、のんびりと散策したい。

　多くの池塘が点在し、初夏から秋にかけて、さまざまな高山植物が咲き誇る。

▲弥陀ヶ原の木道を歩く

月山

▲山頂に向かって登る

月山
1984

月光坂
装束場
1:00▶
金姥
1:40▶
山頂小屋
◀1:00

湯殿山神社
START
GOAL
2:00▶
◀1:10
❷
❶
❻
❺
◀0:50
❸
ハシゴの急登
姥ヶ岳

W.C ✳ P

湯殿山

▲装束場近くの水場

▲湯殿山神社から登る

⁺¹ 🚶 プラス1コース ⛰ 上級

湯殿山霊場から
霊峰の頂へ

月山に日帰りできるコースとして、最も険しいのが湯殿山の霊場から登る道。湯殿山バス停・駐車場❶から霊場を見学しつつ湯殿山神社を抜け、梵字川を左岸に渡ってから約1時間、月光坂というハシゴの急登が続く。あわてず歩いていこう。

登りきったところは装束場❷。修験者が身なりを整えた場だ。2023年現在、老朽化し使用不能となっている避難小屋がある。装束場から1時間強、姥ヶ岳の西斜面を大きくトラバースするように展望の開けた道が延びている。装束場の近くに小さな沢があり、水の補給によい。

たどり着いた分岐を金姥❸という。姥ヶ岳の北の肩にあたる。

多くのハイカーとともに、山頂へ

ここからは四方の展望が開けた広い登山道。初夏にはニッコウキスゲやハクサンフウロなどの高山植物が咲く草稜をたどる。

秋には草紅葉がひときわ美しい。

7月ごろまでは、東斜面の西俣川源頭で春スキーを楽しむ人も多く見かける。

金姥から1時間半ほど、ハイカーの多い道を登っていくと月山山頂❹だ。山頂部は広く、朝日連峰、葉山、奥羽山脈、鳥海山と飽くことのない大展望が待っている。

下山は装束場❺を経て、湯殿山バス停・駐車場❻まで往路を戻るが、月光坂の急なハシゴの下りでは足を踏みはずさないように注意したい。バスで湯殿山まで来て、山頂に登り、下山の時間が日暮れになるようなときは、南の姥沢や北の月山8合目まで下るほうが安全で楽だ。

立ち寄りスポット

月山ビジターセンター
📞 **0235-62-4321**

月山の自然景観や地形、気候の特色、動植物の生態などについて、やさしく解説している月山探勝の拠点である。羽黒山も近い。

センター前にある二夜の池周辺は野鳥や植物の宝庫で、周囲には遊歩道が整備されているのでまわってくるのもいい。

なだらかな森を抜け、展望の尾根を行く

西吾妻山
にしあづまやま

中級

▲人形石から望む西吾妻山

山歩きDATA

登山シーズン

| 1 | 2 | 3 | 4 | 5 | 6 | 7 | 8 | 9 | 10 | 11 | 12 |

体力レベル ★ ★ ★

標　　　　高	2035m
標　高　差	約250m
歩 行 時 間	約3時間30分
歩 行 距 離	7km

グランデコスノーリゾート

☎ 0241-32-2530

　山形と福島の県境に連なる吾妻連峰。そのうち多くのハイカーを迎える西吾妻山のメインルートは、山頂北の北望台❶からだ。天元台ロープウェイの湯元駅からロープウェイで天元台高原へ。そこからリフトを乗り継いだところが北望台。すでに標高1800mを超えているので、西吾妻山の山頂へは標高差は250mほどだ。

　まず、北望台から中大巓の東の肩、人形石に向かう。岩の折り重なる森の道を40分ほ

▲伸びやかな山上台地にある人形石

ど歩くと、見晴らしがよく、ひと休みによい人形石❷に着く。東にたおやかな吾妻連峰が針葉樹の森を広げ、南西にはこれから向かう西吾妻山の平頂峰を望む。

　西吾妻山にはいったん下る鞍部には湿原のなかに木道が伸び、大凹の清水という水場もある。一息入れて、登っていこう。

　緩急のある道で、急なところにはロープも伸びている。針葉樹を抜けて、展望が開ければ梵天岩❸。人形石も同様だが、火山の広い稜線のなか、残丘のように溶岩の塊がそびえている感じだ。

　梵天岩の先、天狗岩の分岐を左にとれば、10分強で西吾妻山山頂❹だ。展望は利かない。ちょっと残念な山頂である。

西大巓の往復もできる

　山頂から西へ西吾妻小屋という立派な避難小屋へ。時間があれば、その先、西大巓まで足を伸ばしてもいい。西吾妻小屋から

97

西吾妻山

▲北望台の眼下に広がる米沢盆地

登山口情報

〈トイレ〉
ロープウェー湯元駅、天元台高原
などにある

〈駐車スペース〉
ロープウェー湯元駅周辺に多数

〈交通アクセス〉
米沢市からは県道2号線を走り、
白布温泉からロープウェー湯元駅
へ

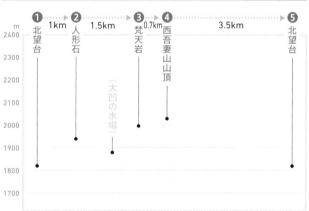

往復1時間半ほど。春遅くまで残雪があり、展望のよい草稜が続く。

　下山は西吾妻避難小屋から天狗岩、中大巓の南の肩の分岐を左に、北望台に向かう。途中、北の米沢盆地の展望が利くところもあるが、針葉樹の森の道を分岐から1時間ほどで北望台❺に着く。

　最終のリフト時刻に間に合わなかったら、延々とスキー場のなかの道を下ることになる。わかりにくい道ではないが、よく踏まれていない道は足に堪える。季節によってはあたりが暗くなるので、出発時に下山するリフトの最終時刻を確認しておこう。

+1 プラス1コース　上級
西大巓に登る静かな道を歩く

　西吾妻山は、吾妻連峰のシンボル的な存在だ。広大な尾根に広がるアオモリトドマツの樹氷でもよく知られ、四季を通じてた

▲スノーリゾートグランデコの先に広がる吾妻連峰

▲初夏の人形石付近

▲伸びやかな西吾妻山の稜線

くさんのハイカーで賑わう。西の早稲沢コースは変化があってよいが、風水害で荒れがちなので、南のグランデコスノーリゾート（EN RESORT）からの登山道を紹介する。

グランデコスノーリーゾートの上部、デコ平駐車場❶まではクルマで上がれる（グランデコ裏磐梯ゴンドラが使える場合もある）。デコ平から約2時間は針葉樹林の森のなかを歩く。徐々に展望も開け、飛び出したところが西大巓山頂❷だ。

山頂といっても広い尾根にある突起のようだ。展望は抜群で、針葉樹に包まれた裏磐梯のたおやかな山並みが見渡せる。

西吾妻山は西大巓から1時間とかからない。標高差はほとんどなく、少し下っては登り返す、草原地帯の高山植物や展望を楽しみながらの快適な道が続く。山頂の近くに立派な西吾妻小屋がある。

西吾妻山山頂❸へは、小屋から右手に10分ほど。できれば、天狗岩、梵天岩、いろは沼などの山頂一帯を散策し、天気がよければ、中大巓方面に散策してもいい。

下山は西大巓山頂を経て往路を戻る。

なお、とくに悪天時の山頂部には注意しておきたい。尾根が広く、道も幾重にも枝分かれしているので、濃霧に巻かれると方角を見失いかねない。

西吾妻山山頂部を散策する

広い西吾妻山の山頂部は、山頂碑、三角点

のあるところは実は展望はよくない。むしろ、山頂の周辺にある、岩峰、湿原、池塘などをまわって歩くとよい。

西吾妻小屋を拠点に、山頂、吾妻神社、天狗岩、梵天岩、いろは沼などをまわって1周30分〜1時間ほどかかる。初夏にはお花畑には高山植物が咲き誇る。

▲池塘の向こうに安達太良山を遠望

立ち寄りスポット

小野川温泉
☎ **024-591-1125**（高湯温泉観光協会）

西吾妻山の帰路、立ち寄りたいのが開湯約1200年前の小野川温泉。小野小町が旅する途中、温泉で病をいやしたという伝説に始まる。2つの素朴な共同浴場があり、地元の人も多く見かける。名物のラジウム玉子を買って帰るのもいいだろう。

吾妻連峰の中央部にある高層湿原を抱く山

東大巓
ひがしだいてん

上級

▲たおやかな東大巓の山容

山歩きDATA

登山シーズン

1 2 3 4 5 **6 7 8 9 10** 11 12

体力レベル ★★☆

標　　　　　高	1928m
標　高　差	約1130m
歩　行　時　間	約8時間
歩　行　距　離	約14km

米沢市役所観光課

📞 **0238-22-5111**(代表)

　東大巓は山形県と福島県の県境に広がる吾妻連峰の中心に位置する。

　渓谷、森林、湿原、温泉と登山のすべてがギュッと凝縮されたような山だ。登山コースは天元台・西吾妻山から広い尾根をたどるコース、北の立岩からのコースなど何本かあり、なかでも変化に富んでいるのは北の滑川温泉から大滝沢沿いに登る道である。

　滑川温泉❶から小尾根に登って30分ほどで滑川大滝の展望台❷に着く。落差100メートルほどの幅広いナメを持つ立派な滝

▲稜線上の湿原

だ。道は展望台から大滝沢の右岸に沿って登る。2時間足らず歩くと姥湯の分岐。登山道を右に、潜滝の手前で対岸に渡り、道は徐々に沢から離れていく。

　姥湯分岐から2時間足らず、金明水の水場の手前からなだらかになる。木道に出てすぐに弥兵衛平小屋❸に着く。

　小屋から山頂までは30分ほど。シラビソなどの深い針葉樹の森を抜けると草稜になり、眼下に弥兵衛平湿原が広がる。

　稜線の分岐を左手に縦走路を5分ほど歩き、道標にしたがって登山道から少し外れると東大巓山頂❹に着く。

　山頂は気づかなければ通りすぎてしまうくらいだ。吾妻連峰は尾根が広い部分が多いこともあり、山頂に立っても好展望は期待できないこともある。

　むしろ、山頂手前の弥兵衛平湿原でゆっくりしたい。山上に広がる広大な湿原と池塘をゆっくり見てまわるとよいだろう。

▲東大巓の稜線を歩く

登山口情報

〈トイレ〉
滑川温泉約3キロ手前の峠駅のほか、弥兵衛平小屋にある

〈駐車スペース〉
滑川温泉の温泉旅館下の路肩に数台

〈交通アクセス〉
米沢市からは、国道13号線、県道154号線を板谷駅。林道を峠駅、滑川温泉へ

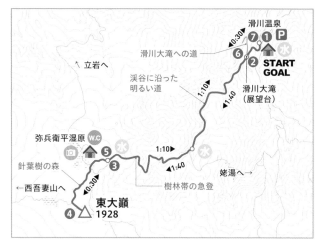

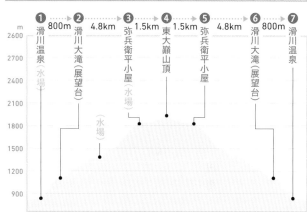

下山は沢沿いの道に注意しつつ、往路を滑川大滝❻から滑川温泉❼へと戻る。

滑川大滝を見にいく

のんびり手軽に散策できるというわけにはいかないが、展望台のそばから滑川大滝に向かう細い道がある。

▲滑川大滝を見上げる

展望台から急な道をジグザグに20分ほど下ると大滝沢に出て、そこから沢沿いを10分ほど上流に向かって歩くと、滑川大滝を見上げる。見飽きぬくらいの大きさと大音響の迫力に圧倒されるだろう。

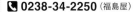

立ち寄りスポット

滑川温泉
📞 **0238-34-2250**（福島屋）

登山口にある秘湯中の秘湯ともいえる温泉だ。食事付き宿泊のほか、自炊湯治、日帰り入浴なども楽しむことができる。
基本は積雪のない夏期のみの営業で、冬期は山麓の峠駅周辺から深い雪に閉ざされている。

奥深い朝日連峰を堪能できる名山

小朝日岳
こあさひだけ

上級

山歩きDATA

登山シーズン

| 1 | 2 | 3 | 4 | 5 | 6 | 7 | 8 | 9 | 10 | 11 | 12 |

体力レベル	★ ★ ★
標　　　高	1647m
標　高　差	約1000m
歩　行　時　間	約6時間30分
歩　行　距　離	約11km

大江町観光物産協会

📞 0237-62-2139

▲大朝日岳の稜線から望む小朝日岳

　小朝日岳は朝日連峰の主峰・大朝日岳の前衛峰。登山コースとしては大朝日岳へ登るため、山頂直下の西斜面を巻く道もあるが、ぜひ一度、小朝日岳の山頂にも登ってみたい。

　登山口は北麓の朝日連峰古寺案内センター❶から。かつてあった古寺鉱泉は廃業となり、現在はその手前に大江町朝日連峰古寺案内センターが建てられた。歩いて5分ほどで、古寺鉱泉跡に着く。一時、橋が流されて渡れなかったが、現在は復旧した橋を渡り尾根を登っていく。周囲はブナ林がみごとだが、展望はきかない。

　歩き始めて2時間半ほどで、ハナヌキ峰の分岐❷。この手前に一服清水という水場がある。この登山コースは一服清水のほかにも水場がいくつかあるのがありがたい。

　ハナヌキ峰の分岐から南に登山道を登る。分岐から1時間半ほどにある古寺山は展望もよく、西に朝日連峰主稜線が雄大に広がる大パノラマが見える。

　古寺山の先で、登山道は右に行くと小朝日岳の山頂の巻き道。左に行けばひと登りで小朝日岳山頂❸だ。山頂からの眺めは広い。西に大朝日岳の重厚な頂を見て、東には鳥原山への大きな尾根が広がる。

　下山は鳥原山をまわってもよいが、ハナヌキ峠の分岐❹を経て朝日連峰古寺案内セ

▲小朝日岳の鋭峰

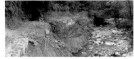
▲古寺鉱泉跡への道

▲大朝日岳への稜線

登山口情報

〈トイレ〉
朝日連峰古寺案内センターにある

〈駐車スペース〉
朝日連峰古寺案内センター付近に30台ほど

〈交通アクセス〉
山形市からは山形自動車道月山IC で降り県道27号を南へ。古寺集落から古寺林道に入る

①⑤ 古寺案内センター START GOAL W.C 水 P

ハナヌキ峰の分岐

ブナ林の急登

このほかにも山腹を巻く谷筋では水を得られる

鳥海山をまわる下山コース

② ④ 水

古寺山

展望がよい山頂

小朝日岳 1647 ③

大朝日岳が大きい

←大朝日岳へ

△ 鳥原山

① 朝日連峰古寺案内センター（水場）	② ハナヌキ峰の分岐（水場）	③ 小朝日岳山頂	④ ハナヌキ峰の分岐	⑤ 朝日連峰古寺案内センター
	3km	2.5km	2.5km	3km

◀古寺鉱泉近くの駐車場

ンター⑤へ往路を戻る。山頂からは2時間半くらいで下山できる。なお、東に広がる鳥原山を経由して古寺鉱泉跡に降りる道は、プラス1時間くらいをみておこう。

大朝日岳にチャレンジ！

　小朝日岳から朝日連峰の主峰・大朝日岳には往復3時間強。天候のよい日、古寺案内センターを早朝に出て、小朝日岳の山頂を10時くらいに通過できれば、十分に日帰りでの登頂も可能だ。
　登りは小朝日岳直下の巻き道を通ると時間を短縮できる。山頂へは、ヒメサユリなど高山植物の咲く稜線漫歩を楽しめる。

立ち寄りスポット

大江町朝日連峰古寺案内センター
☎ **090-4638-7260**

古寺鉱泉は倒壊してしまったが、その少し下流の古寺登山口に山岳観光の窓口として2020年6月にオープンした。25名程度の宿泊も可能で食事付きや素泊まりもできる。春は新緑、夏はブナの原生林が気持ちよい。

朝日連峰の多くの登山口は交通が不便でもあり、登山の新たな拠点施設となる。

朝日連峰の主稜線に日帰り登山

竜門山
りゅうもんざん

上級

山歩きDATA

登山シーズン

| 1 | 2 | 3 | 4 | 5 | 6 | 7 | 8 | 9 | 10 | 11 | 12 |

体 力 レ ベ ル	★ ★ ★
標　　　　高	1688m
標 高 差	約1050m
歩 行 時 間	約8時間
歩 行 距 離	約12km

大江町観光物産協会

📞 0237-62-2139

▲竜門小屋と山頂を望む

　山形県と新潟県の県境に延びる長大な朝日連峰。竜門山はその主稜線の中央に鎮座する。通常は数泊の縦走のなかで登られる山だが、山形県西川町の日暮沢小屋からの往復で日帰り登山するハイカーもいる。

　ここ数年の豪雨などで朝日連峰の山々の登山口への林道は、崩落などにより通行止めになっていることがある。日暮沢小屋登山口についても、事前に役場などに確認しておきたい。

　竜門山へは日暮沢小屋❶から明瞭な登山道を登っていく。稜線まで分岐はなく、迷

▲ブナの森の道が続く

うことはないだろう。最初のうちはブナの森の道だが、3時間ほど登ると清太岩山❷に着き、展望が開ける。南西に竜門山が大きく横たわっている。

　清太岩山からユーフン山に向かう。周囲は灌木となり、より展望も開ける。竜門山の北の肩に竜門小屋も小さく見える。

　ユーフン山から稜線までは約1時間かかる。主稜線の分岐から、右手に行くとすぐに竜門小屋に着き、左手に少し登ると竜門山山頂❸だ。稜線は展望もほしいまま。北に障子ヶ岳方面から寒江山が大きく、南には西朝日岳から大朝日岳を望む。

　山頂から片道10分ほどなので、トイレ休憩や水分補給などで竜門小屋に立ち寄ってもよい。下山は往路を清太岩山❹を経て日暮沢小屋❺へ戻る。

大井沢集落を散策する

　山形県のなかでも有数の豪雪地帯として

▲清太岩山付近の紅葉

登山口情報

〈トイレ〉
登山口の日暮沢小屋、竜門小屋にある

〈駐車スペース〉
日暮沢小屋周辺に10台ほど

〈交通アクセス〉
山形市からは山形自動車道月山ICで降り、県道27号線で大井沢へ

日暮沢小屋
START
GOAL
W.C 水 P
2:00▶
◀3:00
深いブナの道

清太岩山
④
②

竜門小屋
W.C 水
③ 竜門山 1688
1:20▶
◀1:40
ユーフン山。
見晴らしのよい灌木の道

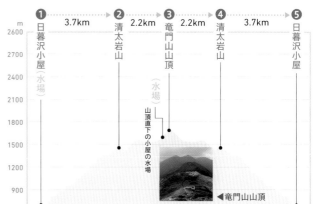

❶		❷		❸		❹		❺
日暮沢小屋（水場）	3.7km	清太岩山	2.2km	竜門山山頂	2.2km	清太岩山	3.7km	日暮沢小屋

（水場）

山頂直下の小屋の水場

◀竜門山山頂

知られる大井沢集落。風情のある山懐の集落だ。下山の折りなどに、時間の許す限りゆっくりと、周辺を散策してみたい。

　周辺の自然や伝統技術を紹介する大井沢自然博物館、自然と匠の伝承館のほか、大日寺跡などの古刹などがある。

▲大井沢集落付近を見下す

立ち寄りスポット

大井沢温泉「湯ったり館」
📞 0237-77-3536

大井沢集落にある日帰り温泉施設。朝日連峰と月山を望む2つの湯船があり、ゆったりと下山の汗を流そう。館内には大井沢直売所が併設され、山菜・つる細工・きのこなど地元の特産品が販売されている。

朝日連峰の山中深くに潜む神秘の湖

大鳥池
おおとりいけ

中級

山歩きDATA

登山シーズン

| 1 | 2 | 3 | 4 | 5 | 6 | 7 | 8 | 9 | 10 | 11 | 12 |

体力レベル	★★☆
標　　　高	950m
標　高　差	約500m
歩　行　時　間	約6時間
歩　行　距　離	約13km

鶴岡市朝日庁舎産業建設課

📞 **0235-53-2111** (代表)

▲静かな大鳥池の畔

　山形県朝日連峰の山中深くにひっそりとたたずむ大鳥池。タキタロウという巨大魚が生息しているとされ、地元放送局などの調査取材も行われた湖である。

　この神秘の湖沼に、日帰りで行ってみよう。大鳥池を囲む以東岳に登るのは日帰りではプラス5時間くらいかかり厳しい。だが、大鳥池を探勝して戻ってくるのであれば、早朝に登山口を出れば日帰りでも十分に可能で、渓流沿いの道も楽しい。

　東大鳥川の奥にある泡滝ダム❶が出発点。登山道は大鳥川に沿って延びている。時期

▲朝日連峰の稜線にそびえる以東岳を望む

が早いと残雪が融けきらず、通行できない状況もあるので、事前に確認したほうがよい。

　歩き始めて1時間足らず、最初の吊り橋を渡り、さらに30分ほど歩くと、2つ目の吊り橋に出る。大鳥川とその支流の七ツ滝沢の出合付近となる。

　深い峡谷の道は展望がきかず、自分の位置かわかりづらいことがある。つねに自分の現在位置を確認しつつ登ろう。

　一時期渡れなかった七ツ滝沢吊り橋❷を渡ると、少しずつ傾斜が増してくる。かつては、七ツ滝の左岸を通って大鳥池まで登っていたが、いまはコースが変わり、七ツ滝の手前でつづら折りの急登となる。

　通称七曲りといわれているところだ。このジグザグの急登をすぎれば、ゆるやかな道となり、大鳥池は近い。

　大鳥池❸に着く。周囲はブナの森に覆われた山々に囲まれて静かで、神秘的な雰囲気に包まれている。南東のたおやかな尾根

▲沢沿いの道をゆく

▶
立派なつくりの大鳥池山荘

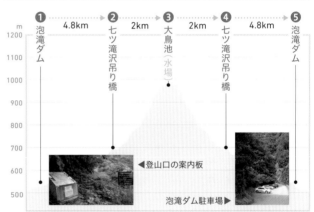
◀登山口の案内板

泡滝ダム駐車場▶

登山口情報

〈トイレ〉
タキタロウ公園のほか、登山口の泡滝ダムの駐車場にある

〈駐車スペース〉
泡滝ダム登山口などに30台以上

〈交通アクセス〉
鶴岡市からは国道112号線、県道349号線で、タキタロウ公園、泡滝ダムへ

のなかで高いところは以東岳。その山頂から池を見下ろすのは別の機会としたい。

池を一周する道はなく、湖畔の道は池の先、東沢の出合まで。そこから以東岳へ直登るコースとなっている。

下山は往路を七ツ滝沢吊り橋❹、泡滝ダム❺へ戻る。初夏、渓谷沿いでは午後のほうが雪解け水で増水していることが多い。

大鳥池でのんびりと

池の畔でのんびりしていこう。湖畔には大鳥小屋、別名タキタロウ小屋という立派な山小屋が建つ。神秘の湖の畔にたたずめば、巨大魚の姿が見えるかも？

立ち寄りスポット

タキタロウ公園
📞 0235-55-2452

大鳥池の登山口である大島地区にある公園施設。オートキャンプ場などがある。
公園内にあるタキタロウ館では大鳥池、以東岳など朝日連峰の登山情報が得られ、大鳥池の成り立ちやタキタロウの発見写真のほか、調査資料などが展示されている。

重厚な神室連峰の最高峰

小又山
こまたやま

上級

山歩きDATA

登山シーズン

1	2	3	4	5	6	7	8	9	10	11	12

体力レベル	★ ★ ★
標 高	1366m
標 高 差	約1000m
歩 行 時 間	約7時間
歩 行 距 離	約10km

最上町役場交流促進課

📞 0233-43-2262

▲小又山山頂から望む越途への稜線

小又山はあまり知られていないが神室連峰の最高峰で、標高が高いわけではないが山深さを感じさせてくれる。登山コースは山形県最上町の西ノ又沢コースが変化に富んでおもしろい。

白川渓流公園の奥から西ノ又林道をクルマで進み、登山道の道標の手前の駐車スペース❶にクルマを置く。登山道は、西ノ又沢の渡渉から始まる。普段はなんでもない渡渉でも、増水時には渡れないことがある。

沢を渡って道標にしたがって苔むした小沢を登っていく。2時間ほど急登を続ける

▲北の稜線から見た山頂部

と標高1110mほどの小ピークに着き、尾根もおだやかに。一帯はブナの巨木群が続く。

1110mほどの小ピークから30分ほど歩くと越途❷と呼ばれるピーク、分岐につく。右手に下る道は神室山の登山口となっている根ノ先沢口。この尾根にも道もあるが、一直線の急な登山道で、道がわかりにくいところもあるので、あまりおすすめはできない。越途を左に向かうのが山頂への道。しばらくは小さな登り下りを繰り返すおだやか道だが、山頂直下でつづら折りの急登になる。周囲は偽高山帯なので、木々はなく、高山植物が咲き誇る楽しい尾根だ。

小又山山頂❸の眺めはよく、山の深さを実感できる。北に神室山への稜線が優美に連なり、南には火打岳に向かう稜線が続く。

下山は往路を越途❹を経て駐車スペース❺に戻るが、山頂から南に少し下ったサンショ平に寄ってみたい。広い草尾根のなかに、初夏にはニッコウキスゲが咲く。

▲雪融けで増水した渡渉点

日本一の
大アカマツ ▶

登山口情報

〈トイレ〉
登山口下流の白川渓流公園にあるが、山中にはない

〈駐車スペース〉
西ノ又林道の登山口付近に数台

〈交通アクセス〉
新庄市からは国道47号線で最上町、県道325号線を北へ行くと白川渓流公園へ

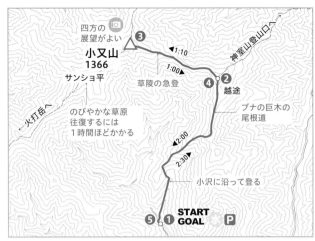

四方の展望がよい

小又山
1366

サンショ平

←火打岳へ

のびやかな草原
往復するには
1時間ほどかかる

草陵の急登

神室山登山口へ→

越途

ブナの巨木の
尾根道

小沢に沿って登る

START
GOAL

1:10
1:00
2:00
2:30

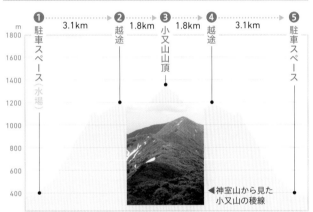

① 駐車スペース（水場）	② 越途	③ 小又山山頂	④ 越途	⑤ 駐車スペース
	3.1km	1.8km	1.8km	3.1km

◀神室山から見た
小又山の稜線

m
1800
1600
1400
1200
1000
800
600
400

東法田の大アカマツを訪ねる

　登山口に近い白川渓流公園の下流、東法田地区の県道335号線沿いある大アカマツ。案内板のある駐車スペースから樹林の散策道を10分ほど歩いた山の中腹にある。幹周りは7mを超える。

　かつては幹周りが9mあった香川県志度町のクロマツ「岡野の松」が日本一のマツだったが、枯れてしまった。そのため、この東法田の大アカマツが、マツとしては日本一の大きさだという。

　大きなコブをもった巨大な幹から立つ複数の支幹は雄大であり、迫力がある。

立ち寄りスポット

堺田分水嶺と封人の家

📞 **0233-43-2262**（最上町交流促進課）

　堺田分水嶺とは、山麓の最上町、国道47号線、堺田地区にある分水嶺。1本の小沢がここで分かれ、日本海と太平洋に注ぐ。近くには、松尾芭蕉が『おくの細道』を綴る旅の途中で滞在した家が「封人の家」として残っている。

　封人とは、国境を守る役人のこと。この建物は、仙台領と境を接する新庄領堺田村の庄屋・旧有路家の住宅であったといわれる。

牧場の奥にそびえる2つコブの頂

二ツ森
ふたつもり

初級

▲牧場の上部から二ツ森を望む

山歩きDATA

登山シーズン

| 1 | 2 | 3 | 4 | 5 | 6 | 7 | 8 | 9 | 10 | 11 | 12 |

体 力 レ ベ ル　★ ★ ★

標　　　高	695m
標 高 差	約280m
歩 行 時 間	約1時間30分
歩 行 距 離	1.5km

尾花沢市商工観光課

📞 **0237-22-1111** (代表)

　二ツ森は、尾花沢市の東に、ラクダの背のコブのような頂を見せている。標高も低いので雪解けは早く、例年だとゴールデンウィーク明けくらいから登ることができる。

　登山口は母袋街道(国道347号線)から入る和牛繁殖育成センター奥の牧場の先に、広い草地の駐車スペース❶がある。

　この駐車スペースまでは和牛繁殖育成センターとその牧場内を通ることになり、夕方になると通り抜けできない可能性もある。

　そのため、職員の人がいたら二ツ森に登りに来ていることを伝えておくとよい。

▲山頂周辺から見下ろす田園風景

　駐車スペースからは牧場内の広い道を、2つのコブの鞍部をめざして登る。左手にすぐ見える岩峰は息子森と呼ばれている。

　木漏れ日のあるおだやかな林の道を30分ほど登ると、岩の上に交通安全の碑が建つ草原状の男山と女山の鞍部❷に着く。男山と女山の分岐だ。左手は男山と呼ばれる北峰だが、ハイキングコースとしては、右手の女山と呼ばれる南峰に向かおう。

　鞍部から南峰(女山)山頂❸までは20分足らず、草原状の道をたどっていくと、あっけないくらいに近い。山頂からの展望は抜群だ。眼下に広がる牧場と、その先の田園風景、その平野をゆるやかに流れる最上川と、時間が経つのを忘れさせてくれる。

　芝の山頂にゆっくりと弁当を広げて休憩し、下山する。といっても、山頂から男山と女山の鞍部❹を経て駐車スペース❺までは30分ほどしかかからない。時間が許せば北峰(男山)に登ってもいいだろう。

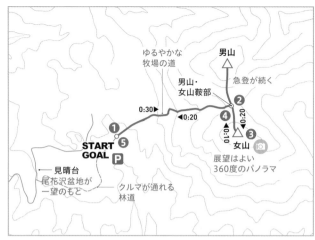

ゆるやかな
牧場の道

男山 △

急登が続く

男山・
女山鞍部

0:30▶ ◀0:20 ❷

❹ 女山 △ 📷

❶
START
GOAL ❺
P

❸

見晴台
尾花沢盆地が
一望のもと

クルマが通れる
林道

展望はよい
360度のパノラマ

▲息子森に向けて歩いていく

登山口情報

〈トイレ〉
登山口、山中ともにない

〈駐車スペース〉
和牛繁殖育成センター牧場の先
に20台以上

〈交通アクセス〉
尾花沢市からは国道347号線を
東に。和牛繁殖育成センターの
看板に従い、上がっていく

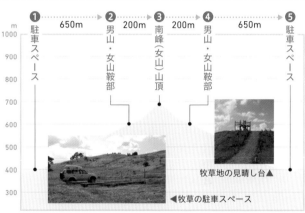

❶	650m	❷	200m	❸	200m	❹	650m	❺
駐車スペース		男山・女山鞍部		南峰（女山）山頂		男山・女山鞍部		駐車スペース

牧草地の見晴し台▲

◀牧草の駐車スペース

とても手軽に楽しめて、牧歌的であり、少し高山的な雰囲気もある山として、もっと多くの人に親しまれてもよいところだ。

見晴し台でくつろぐ

和牛繁殖育成センターの牧場の上部にある展望台。クルマを置き、数分歩けばよいだけなので、二ツ森に登った際にはぜひ寄り道しておきたい。展望台からの眺めは二ツ森山頂からの眺め以上に、尾花沢盆地の牧歌的な田園風景を満喫できる。

二ツ森周辺には雪解けと梅雨の時期にだけ現れるのぼり滝など、10分～30分でまわれる景勝地がいくつかある。

立ち寄りスポット

銀山温泉
📞 0237-28-3933（鉱山温泉案内所）

大正時代にタイムスリップしたような風情のある温泉街が銀山温泉。江戸時代初期から大銀山として栄えた「延沢銀山」の名に由来し、銀山川の両岸に沿って、大正末期から昭和初期に建てられた洋風木造多層の旅館が軒を並べる。「しろがね湯」という共同浴場がある。

山頂近くの小屋からおだやかな山稜を歩く

翁山
おきなさん

初級

山歩きDATA

登山シーズン

| 1 | 2 | 3 | 4 | 5 | 6 | 7 | 8 | 9 | 10 | 11 | 12 |

体力レベル　★★★

標　　　高	1075m
標　高　差	約400m
歩　行　時　間	約3時間
歩　行　距　離	約5km

尾花沢市商工観光課

☎ **0237-22-1111**（代表）

▲山麓から望む翁山

翁山は山形県と宮城県の県境、長大な奥羽山脈にある。山頂近くには避難小屋もあるが、山としては一般にはあまり知られてはいない。もっと多くのハイカーに登られていい山だろう。

稜線はササ原が続き、展望もよく、手軽な日帰りハイクができる。なお、山形県側では翁山と呼ばれているが、宮城県側および地図によっては翁峠となっている。山とも峠ともいえるのんびりしたところだ。

登山口は山頂の西の山腹の**ハリマ小屋❶**と呼ばれる避難小屋から。このハリマ小屋までは山麓の高橋地区から細い林道が続き、クルマ同士のすれ違いに苦労する。ところが、ハリマ小屋周辺は開放的で、水場もあり、のんびりできるところだ。

ハリマ小屋

▲地元に愛された山だ

から東に向かう登山道に入る。ブナに囲まれた道だ。ゆるやかな道を1時間ほど登ると、やがて水場を過ぎるところから尾根を巻くように急登になる。

尾根に登ってしまえば、**翁山山頂❷**はすぐだ。ハリマ小屋からのんびり歩いても1時間半はかからないだろう。

山頂には新しい小さな祠と、山頂を示す標識がある。展望は広い。

周囲の山々は際立った鋭峰がなく、ただ、伸びやかな里山風景が広がっている。晩秋など空気が澄んだ日に登れば、新庄の盆地のなかをゆったりと流れる最上川を見下ろし、その先に鳥海山や月山なども見える。

山頂でゆっくりしたら、南に稜線歩きを楽しもう。ササで埋まったおだやかな稜線に、登山道がうねるように延びている。誰しものんびり歩きたくなる稜線だ。

1時間ほど歩くと、黒倉山という小ピークの北の**鞍部❸**に出て、鞍部から右手にハ

▲のびやかな翁山の稜線

ハリマ小屋に至る
林道は悪路。用心
したい

尾根を巻くような
急登の道

△ 翁山
1075

1:10

0:50

草原状の
気持ちのよい尾根

ハリマ小屋
**START
GOAL**

0:40

ブナ林の道

↙ 高橋の棚田へ

↙ 黒岩山へ

登山口情報

〈トイレ〉
登山口、山中ともにない

〈駐車スペース〉
ハリマ小屋周辺に10台以上

〈交通アクセス〉
尾花沢市からは県道28号線で
高橋地区。右手の林道を上がる

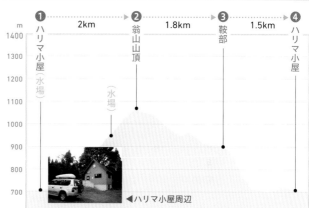

	2km	2km	1.8km	1.5km	
❶ ハリマ小屋(水場)		❷ 翁山山頂 (水場)	❸ 鞍部	❹ ハリマ小屋	

◀ハリマ小屋周辺

リマ小屋にブナに囲まれた道を下りていく。
途中の湧き水で喉を潤しながら下ると、鞍
部から40分くらいでハリマ小屋に着く。

高橋の棚田を散策する

　翁山の麓、高橋地区にある棚田は、翁山の
清流が集まる地域に生まれた棚田で、「山形
の棚田20選」にも選ばれた風光明媚な景勝
地。地元の人たちが中心となって遊歩道を
整備している。ぜ
ひ、あぜ道を散策
しながら、日本の
米蔵・山形の田園
風景を楽しみたい。

▲棚田を散策してみよう

立ち寄りスポット

山刀伐峠
📞 **0233-43-2233**（最上町観光協会）

なたぎり峠と読む。
尾花沢市と最上町
を結ぶ峠で、松尾芭
蕉『おくのほそ道』
にも難所の1つと
して登場している。
峠には子持ち地蔵
や子持ち杉があり、
遊歩道も整備され
ていて、手軽に石畳
の道を散策できる。

深山幽谷の山岳霊場を半日ハイク

初級

羽黒山
はぐろさん

山歩きDATA

登山シーズン

| 1 | 2 | 3 | 4 | 5 | 6 | 7 | 8 | 9 | 10 | 11 | 12 |

体力レベル ★ ★ ★

標　　　　高	414m
標　高　差	約250m
歩　行　時　間	約2時間30分
歩　行　距　離	約5km

羽黒町観光協会

📞 **0235-62-4727**

▲全国各地から参拝者が訪れる

　羽黒山は名峰・月山の北部に位置する。山としては月山から派生する尾根上の小山で、頂上までバスが往来し、行楽客・参拝客が絶えない。山岳霊場・出羽三山のひとつとしての位置づけは大きく、山中には、神社・社殿などが並ぶ。

　山麓の隋神門から山頂にある神社まで、杉並木の石段を上がっていこう。

　コースは隋神門❶をくぐってから、いったん石段を下り、神橋で祓川を渡る。渡った先の右手には落差10メートル強の須賀の滝が勢いよく水しぶきを落としている。

▲ハイカーも参拝道を行く

　深い杉林のなかをさらに進むと、左手に五重塔❷。羽黒山は、会津や平泉とともに東北仏教文化の中心地だが、この五重塔は国宝であり、素木造り、柿葺、三間五層の優美な姿は見る者を圧倒し、その心に響く。

　山頂へは、古い石段を登っていく。周囲は杉並木で、厳かな雰囲気に包まれている。一ノ坂、二ノ坂をすぎると、道は二手に分かれ、左が三ノ坂、山頂部の出羽三山神社に向かう石段だ。右手が山懐の南谷から山頂近くに向かう道である。

　石段が尽き、鳥居をくぐって羽黒山山頂❸に着く。山頂部の寺院群をさっと回るだけなら30分ほど。ところが、ゆっくり参拝も兼ねて見てまわると数時間はかかる。

　下山は広い山頂バス停にいったん出て、羽黒山道路の途中から森の道に入っていけば、静かな南谷を通り、三ノ坂の石段の登り口の分岐に着く。あとは往路を五重塔❹、隋神門❺へと下る。

▲須賀の滝を見上げる

登山口情報

〈トイレ〉
登山口の隋神門近く、山頂部境内入口などにある

〈駐車スペース〉
隋神門近くに30台以上

〈交通アクセス〉
鶴岡市から、県道47号線で羽黒山神社前へ

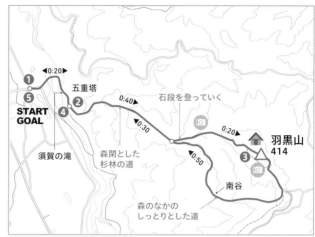

❶ 五重塔
◀0:20▶
START
GOAL
須賀の滝
❺ ❹ ❷
0:40▶
0:30
森閑とした
杉林の道
石段を登っていく
0:20
羽黒山
414
❸
0:50
南谷
森のなかの
しっとりとした道

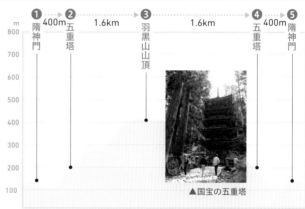

	❶	400m	❷	1.6km	❸	1.6km	❹	400m	❺
m	隋神門		五重塔		羽黒山山頂		五重塔		隋神門

▲国宝の五重塔

羽黒山山頂部を散策

　羽黒山の山頂部の境内は広く、一帯には蜂子神社、月山・羽黒山・湯殿山の三神合祭殿、参集殿、鐘楼、建治の大鐘、霊祭殿、鏡池、全国各地の末社などが並んでいる。

　厳かな雰囲気をのんびりと楽しみたい。

▲壮厳な三神合祭殿

立ち寄りスポット

やまぶし温泉ゆぽか
📞 0235-62-4855

羽黒山入り口近くにある公営温泉。田んぼのなかに忽然と銀色に輝く大きくてモダンな建物で、地元の住民に広く親しまれている。館内、お風呂、露天風呂とも広々として気持ちよい。

福島県の山・湿原・渓流

東西に広い福島県の山は、吾妻・安達太良連峰、山懐深い南会津の山々、標高は低いものの広い山域の阿武隈高地に分けることができる。

吾妻・磐梯・安達太良連峰

　東吾妻山、西吾妻山など、たおやかな稜線が広がる吾妻連峰。日帰りで楽しむこともでき、山中の湖沼・湿原散策も楽しい。

　吾妻連峰の東端にそびえる一切経山は火山の噴火情報が発令されるケースもあり、登る際には自治体の情報のほか、日帰りの登山拠点でもある浄土平などで情報を確認するようにしたい。

　磐梯・安達太良連峰は、風が強いところとしても知られる。火山の山頂部・稜線上では、風雨に巻かれると逃げ場があまりないことなどに留意しておきたい。

南会津の山々

　標高1000メートル～1500メートルの山々が幾重にも連なる南会津の山々。急峻な岸壁に囲まれた志津倉山、高層湿原が広がる駒止湿原など、個性的な山容の山や湿原が点在する。新潟県の県境に連なる越後山脈は、急峻な岸壁や渓谷を擁する山も多く、初心者だけではなかなか行きにくい山脈である。

　一方、尾瀬に近い会津駒ヶ岳は山頂部の高層湿原・草稜のきれいなところ。ただ、南会津は鉄道や高速道路が充実していない地域なので、近郊の会津若松からも朝、早立ちする必要がある。尾瀬の燧ヶ岳のほか、帝釈山系は東北というより関東の山としても親しまれている。

阿武隈高地

　標高500～1000メートル内外で、小高い丘のような山々が広がる阿武隈高地。そのなかにあって霊山は城壁のような岸壁に囲まれ特異な山容を見せている。

　阿武隈高地は国道のほか県道や林道が縦横に走っているので、ドライブとあわせて1～2時間で散策できるハイキングコースもいくつかある。

　なお、太平洋岸のいわき、双葉、浪江、相馬地区の近郊では、福島第一原発事故の影響もあり、登山道や林道が閉鎖されていた部分もある。地図には道があっても荒れているケースがないとはいえない。

　地元の自治体でもそれらの正確な情報を把握しきれているとはいえないので、この山域に向かう場合は、その点も留意して訪れるようにしたい。

▲南会津のブナ林を歩く

新潟

一切経山・鎌沼 P.124

三国岳 P.128

福島 JCT
福島

霊山 P.140

東吾妻山 P.126

猫魔ヶ岳 P.130

磐越自動車道

安達太良山 P.121

会津若松 IC

磐梯山 P.118

会津若松

郡山 JCT

惣山・前山 P.138

郡山

駒止湿原 P.136

二ツ箭山 P.142

会津駒ヶ岳 P.132

東北自動車道

矢吹 JCT

白河

燧ヶ岳 P.134

いわき JCT いわき

太平洋

常磐自動車道

福島県の主な山　標高ランキング

1	燧ヶ岳(ひうちがたけ)	2356m	6 西大巓(にしだいてん) ……… 1982m
2	会津駒ヶ岳(あいづこまがたけ)	2133m	7 東吾妻山(ひがしあづまやま) …… 1975m
3	飯豊山(いいでさん)	2105m	8 田代山(たしろやま) ……… 1971m
4	帝釈山(たいしゃくさん)	2060m	9 一切経山(いっさいきょうざん) …… 1949m
5	西吾妻山(にしあづまやま)	2035m	10 東大巓(ひがしだいてん) …… 1928m

会津富士と称される鋭峰に登る

磐梯山
ばんだいさん

中級

▲猪苗代湖付近から磐梯山を望む

山歩きDATA

登山シーズン

| 1 | 2 | 3 | 4 | 5 | 6 | 7 | 8 | 9 | 10 | 11 | 12 |

体力レベル　★★★

標　　　高　　　　1816m

標　高　差　　　約900m

歩 行 時 間　約6時間30分

歩 行 距 離　　　　10km

裏磐梯ビジターセンター

📞 **0241-32-2850**

　磐梯山は会津富士とも称され、四季を通じて登山者を迎えている。冬は天候が厳しい日も多く、なかなか登れないが、裏磐梯スキー場奥のイエローフォールという黄色い沢水の氷瀑が脚光を浴び、スノーシューを履いて訪れる人も増えた。

　独立峰の磐梯山も、裏磐梯から周回すれ

▲櫛ケ峰を望む

ば、巨大な火口壁や火口湖をめぐりながら猪苗代湖側から眺める優美な磐梯山とは別の一面を楽しむことができる。

　スタートは裏磐梯スキー場駐車場❶から。スキー場の緩斜面を登った先、リフト最上部の手前から左手に道標にしたがって山道に入る。火山の残丘や火口湖の名残などを左右に眺めつつ登山口から1時間半強で噴気口分岐❷に着く。

　ここから火口壁につけられた急峻な枝尾根を登っていく。標高差約300メートル。道は明瞭で、道の両側にはユニークな逆U字の鉄の手すりもあり、楽しい。ただし、噴気口分岐周辺はガレていて、火山ガスが出ていることもあるので用心したい。

　登りきったところは櫛ヶ峰と磐梯山本峰の鞍部。北に裏磐梯の湖沼群、南に沼ノ平池塘群を愛でながら、快適に登っていく。

　稜線に出て、鞍部から1時間ほどで弘法清水小屋❸に着く。水場はもちろん売店も

▲ミヤマアズマギク

登山口情報

〈トイレ〉
裏磐梯スキー場の入口周辺などにある

〈駐車スペース〉
裏磐梯スキー場の登山者用駐車場に50台ほど

〈交通アクセス〉
郡山市からは、国道49号線を西へ、国道115号線、459号線で裏磐梯スキー場方面

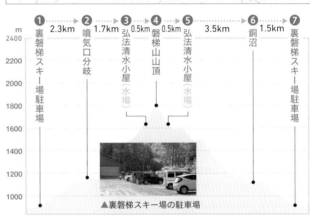

▲裏磐梯スキー場の駐車場

あり、岡部小屋という茶屋もある。

弘法清水小屋の水場の脇から登ること30分ほどで磐梯山山頂❹だ。登るほどに四方の展望が開け、山頂からは眼下に猪苗代湖がひときわ大きい。

銅沼の火山景観を堪能

下山は、弘法清水小屋❺に下り、北西の尾根を、中ノ湯跡をめざしていこう。尾根の西側をトラバースするように登山道が延びている。

中ノ湯跡に立ち寄ってもいいが、その手前から北に下る分岐がある。分岐からは火口壁の西端を

縫うような道が続き、約40分下ると銅沼❻の湖畔に着く。赤茶けた噴火壁と岩石、ひっそりとした湖面。磐梯山の噴火壁が取り囲む火山景観がことのほか美しい。

▲銅沼の火山景観

▲裏磐梯スキー場を下る

▲樹林のなかのおだやかな道

❶ 八方台　1.3km　❷ 中ノ湯跡　2.1km　❸ 磐梯山山頂　2.1km　❹ 中ノ湯跡　1.3km　❺ 八方台

（水場）

▲山中にある
小さな祠

◀八方台駐車場

m
2600
2400
2200
2000
1800
1600
1400
1200

銅沼からは約1時間、山道からスキー場を下るのは妙に歩きにくいが、裏磐梯スキー場駐車場❼に着く。

🚶 プラス1コース 　⛰中級

磐梯山に登るコースはいくつかあるが、手軽なのは西の八方台❶からの道だ。途中、有毒ガスの噴出する中ノ湯跡❷を抜けると、旧噴火口の銅沼へ下る道を左手に見て、登山口から2時間足らずで、山頂直下の弘法清水小屋など水場付近に出る。周辺には夏には高山植物が咲き誇る。

この水場から山頂までは、急な登りが30分ほど続く。展望はすぐれ、登るほどに眼下の眺めに足も止まりがちになる。

ゴツゴツとした岩が重なる磐梯山山頂❸の展望は、さえぎるものがなく、シーズン中は岡部小屋の売店もある。南に猪苗代湖が大きく、北には裏磐梯の針葉樹の森と湖沼群が横たわっている。

下山は往路を戻る。のんびり歩いても、山頂から2時間ほどで、八方台に着く。

裏磐梯の湖沼をめぐる

磐梯山の北に位置する裏磐梯は、湖沼や湿原が数多く点在し、たくさんの散策コー

スがある。春から秋にかけては、行楽客のクルマで大渋滞が起こるほどである。

散策コースとして人気があるのが、五色沼、中瀬沼など湖沼をめぐるコースだ。それぞれの湖沼探勝コースが設けられている。

それぞれ入口にビジターセンターが設置されているので、案内マップを手に入れて散策をしてみよう。磐梯山の山頂付近の荒々しさとはまったく異なるしっとりとした森の小径を堪能できる。

▲中瀬沼の散策コース

立ち寄りスポット

裏磐梯温泉
📞 **0241-32-2349**（裏磐梯観光協会）

全天候型のレジャー施設、ラピスパ裏磐梯は、閉業になったが、裏磐梯にはこのほか「休暇村裏磐梯」「裏磐梯レイクリゾート」など、たくさんの温泉施設もあるので、好みに応じて温泉を楽しもう。
なお、冬季は閉鎖されていることなどもあるので、それぞれの施設に事前に確認しておきたい。むしろ郡山方面に戻るのであれば、磐梯熱海温泉の霊泉元湯なども風情があり、おすすめの共同浴場だ。

安達太良山
あだたらやま

展望抜群の伸びやかな名峰

中級

▲山麓の牧場から望む安達太良山

山歩きDATA

登山シーズン

1 2 3 4 5 **6 7 8 9 10 11** 12

体力レベル	★ ★ ☆
標　　　高	1699m
標　高　差	約760m
歩　行　時　間	約5時間
歩　行　距　離	約9km

あだたら高原スキー湯

📞 0243-24-2141

　安達太良山は福島県を代表する名山。登山口は四方に通じ、手軽に日帰りで登ることができる山だが、一方で、手軽とはいえない一面も持っている。濃霧などで天候が荒れると方角を見失うことがあり、比較的、風の強い日が多いことにも留意しておきたい。

　また、稜線の西側は火山性のガスにより立入り禁止区域も設けられている。

　最も手軽に登るには、あだたらエクスプレスというゴンドラで見晴らし台❶まで上がる。標高1340mなので、見晴らし台から

▲ゴンドラで見晴らし台へ

西に標高差約350mで山頂に立つことができる。時間にすれば1時間半ほどで安達太良山山頂❷に着く。

　乳首と呼ばれる岩峰の頂は展望も抜群で、休日だと山頂周辺は多くのハイカーで賑わう。その賑わいをよそに、稜線を北に歩いて行こう。鉄山までの稜線は牛ノ背、馬の背と呼ばれ、吹きさらしで展望がよい。

　西に沼ノ平という噴火口（噴気口）が異様な火山景観を見せているが、風の強い日などは注意して歩こう。

　鉄山の手前、牛ノ背から馬ノ背と呼ばれる手前の分岐から右手に峰の辻に下りていく。道があるが、火山性ガスにより通行止めとなっていることもある。

　峰の辻から勢至平分岐❸を経て奥岳登山口❹に戻ることにしよう。

あだたら渓谷自然遊歩道

　安達太良山はきれいな渓谷も多い。その

121

安達太良山

▲カラマツに紅葉が映える

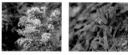

▲キリンソウ

▲リンドウ

登山口情報

〈トイレ〉
奥岳温泉登山口のほか、くろがね
小屋などにある

〈駐車スペース〉
奥岳温泉周辺などに全体で1500台
以上

〈交通アクセス〉
二本松市からは、国道459号線を岳
温泉、県道386号線を奥岳温泉へ

↑鉄山へ
くろがね小屋
2024年現在
改装中
峰の辻分岐
山の中の
温泉小屋
強風に注意

勢至平分岐
6月には一面に
ツツジが咲く
登山道でも
林道でもよい

あだたら渓谷
自然遊歩道

安達太良山
1699

山頂駅
安達太良高原
スキー場

① START
見晴らし台

④ GOAL
奥岳温泉

登るほどに
展望のよい
なだらかな道

◀奥岳温泉の駐車場

| ① 見晴らし台 | 2.2km | ② 安達太良山山頂 | 2km | ③ 勢至平分岐 | 4.5km | ④ 奥岳登山口 |

なかで手軽に散策できるのはあだたら渓谷
自然遊歩道。魚止め滝、二階滝、昇竜滝など
次々と現れる滝の美しさに歓声もこだます

る。登山口である奥岳温泉から渓谷の遊歩
道をさかのぼり、奥岳温泉に戻ってくるの
に1時間ほど見ておくとよい。

▲渓谷の自然歩道

▲山頂に近い沼ノ平の火山景観

▲白糸の滝を望む

▲乳首直下の広場

胎内岩くぐり

△ 鉄山

P 沼尻登山口
① START
⑤ GOAL

沼尻温泉
源泉への道

沼ノ平

馬ノ背
火山の道
突風に注意

2:30

◀2:00

船明神山
②

0:40
⑩

展望のよい
尾根

△
④

△
③
安達太良山
1700

プラス1コース　中級

静かな安達太良山を楽しみたいハイカーにとっておすすめなのが、沼尻高原スキー場の上部にある沼尻登山口から登るコースだ。ただし、コース途中から沼尻温泉の源泉に下りるコースがあり、火山ガスの噴出が多く危険と判断されると立入禁止になってしまうので、事前に確認しておきたい。

沼尻登山口①で白糸の滝を眺め、尾根道を40分ほど歩くと沼尻温泉の源泉（湯の花採取場）への道との分岐だ。右手の道を登っていけば、やがて障子ヶ岩の上部を縫うように歩いていく。登るほどに展望は開けるが、風向きによっては硫黄臭を感じることもあるので注意したい。

分岐から1時間半ほど。枝尾根を回り込むように登ると、船明神山②に着く。あたりはすっかり火山の様相で、荒涼とした感じさえする。北側には沼ノ平の噴火口の平原が、それこそ巨大なクレーターのように広がっている。安達太良山の東斜面のたおやかさとはまた別の目を見張る景観だ。

山頂直下で大休止

馬の背鞍部の分岐から右手へ大きく回り込むように延びる道を行くと、鞍部から30分ほど、牛の背という岩稜を歩き安達太良山山頂③に着く。乳首と呼ばれている大岩がそびえ、山頂標は岩場のてっぺんにある。

岩場の下は広く、展望もよく、多くのハイカーはそこで休憩したり、食事をしたりしている。風のない日はのんびりできるが、風の強い日が多い。

下山は往路を船明神山④、沼尻登山口⑤へと戻る。なお、鉄山から胎内岩をくぐり沼尻登山口まで戻る周回コースもあるが、火山ガスの噴出で立入禁止になることも多いため、あまりおすすめできない。

立ち寄りスポット

岳温泉
☎ 0243-24-2310（岳温泉観光協会）

安達太良山は登山口ごとに名湯が控えている。なかでも岳温泉は温泉のなかでもめずらしい「酸性泉」。温泉街も大きく、旅館での立ち寄り入浴のほか、温泉神社や鏡ヶ池、緑ヶ池などを散策するのも楽しい。

浄土平の西に広がる山上の楽園と魔女の瞳

一切経山・鎌沼

いっさいきょうやま・かまぬま

中級

山歩きDATA

登山シーズン

1 2 3 4 5 **6 7 8 9 10 11** 12

体力レベル ★★☆

標　　高　　1949m

標　高　差　約400m

歩行時間　約3時間30分

歩行距離　約7.5km

浄土平ビジターセンター

☎ 0242-64-2105

▲一切経山の山腹から鎌沼を望む

　一切経山をはじめ浄土平周辺の山には鎌沼、桶沼などの数多くの湖沼があり、それらをめぐって半日、1日と、いろいろなハイキングコースが選ぶことができる。

　そのコースのうち鎌沼をまわるなら、まず、磐梯吾妻スカイラインを浄土平❶へ。浄土平湿原を抜け、道標にそって西へ進む。

　湿原を抜けると、見通しのよい明るい灌木のなかの道をジグザグに登っていく。浄土平から50分ほどで、酸ヶ平避難小屋に向かう酸ヶ平分岐❷に着く。

　分岐の周辺は広々としていて、針葉樹林

▲磐梯吾妻スカイラインは日本有数の山岳道路

と草原と湿原と、北欧的な雰囲気が漂っている。一切経山に登るには、この分岐から酸ヶ平避難小屋、北へと登っていく。

　一切経山は、鎌沼の北方にそびえる火山。活発に活動している日本の火山の1つで、火山情報を確認するようにしたい。一切経山に登るには、酸ヶ平避難小屋を経由せず直登するコースもあるが、火山性ガスの噴出により、通行が禁止されている。また、磐梯吾妻スカイラインの不動沢登山口から一切経山・五色沼を周回するコースもある。

　酸ヶ平避難小屋からも道も明瞭なので、迷うことはないだろう。むしろ濃霧にまかれると幾重にも分かれる道を見失うこともあるので、悪天時には注意したい。

　岩と砂礫のゴロゴロした道を登っていく。山頂が近づくほどに展望はより広くなる。眼下に鎌沼を眺め、西には吾妻連峰のたおやかな山並みが広がる。

　広々とした一切経山山頂❸は、強風や濃

▲山頂からは五色沼が大きい

登山口情報

〈トイレ〉
浄土平のほか、酸ヶ平避難小屋
にある

〈駐車スペース〉
浄土平に約300台

〈交通アクセス〉
福島市からは、県道70号線（磐
梯吾妻スカイライン）で、浄土平
へ

五色沼

展望が広く
五色沼が眼下に

❸

一切経山
1949

事前に浄土平で
火山情報を確かめておく

0:40

湿原と湖沼の
別天地

0:50

0:20

❷

酸ヶ平避難小屋

w.c

明るい
灌木の道

鎌沼

0:50

浄土平

❹

姥ヶ原

❺

吾妻小富士

0:40▶

START
GOAL

w.c 水 P

磐梯吾妻スカイライン

❶	1.6km	❷	1.2km	❸	2.2km	❹	2.3km	❺
浄土平		酸ヶ平分岐		一切経山山頂		鎌沼		浄土平

m
2300
2200
2100
2000
1900
1800
1700
1600

▲噴煙を上げる一切経山

▲静かな沼湖を散策する

霧のときのほかは、ぜひ山頂でゆっくりし
たい。南東には吾妻小富士や浄土平も小さ
く見え、その先に福島市街が広がる。北の
眼下には「魔女の瞳」といわれる五色沼がエ
メラルドブルーの湖水をたたえている。

鎌沼の畔に憩う

　鎌沼の散策は、酸ヶ平分岐❷から湿原の
なかに延びる道をゆっくりと下っていく。
まさに高原情緒にあふれた道だ。
　鎌沼❹から沼に沿う平坦な道を20分も
歩けば、姥ヶ原に向かう道との分岐点に着く。
分岐を東へ、浄土平を示す道標にしたがっ
て進むと、約40分の下りで浄土平❺に戻る。

立ち寄りスポット

高湯温泉「あったか湯」
📞 **024-591-1125**（高湯温泉観光協会）

浄土平周辺には温泉もたくさんあり、帰路に
応じて選ぶとよい。磐梯吾妻スカイラインの
北の登り口にあるのが高湯温泉。旅館・玉子湯
の露天風呂
をはじめ、
「あったか湯」
などの共同
浴場がある。

なだらかな森を抜け、展望の頂と湿原を歩く

東吾妻山
ひがしあづまやま

初級

▲姥ヶ原から東吾妻山を望む

山歩きDATA

登山シーズン

| 1 | 2 | 3 | 4 | 5 | 6 | 7 | 8 | 9 | 10 | 11 | 12 |

体力レベル　　　　★ ★ ★

標　　　　高	1975m
標　高　差	約400m
歩　行　時　間	約4時間30分
歩　行　距　離	10km

浄土平ビジターセンター

☎ 0242-64-2105

東吾妻山は、福島市の最高峰だ。福島市の西に、一切経山と並んで、浄土平を囲むようになだらかな裾野を広げている。

山腹はオオシラビソやコメツガなどの針葉樹林の黒い森に覆われているが、山頂部に木々はハイマツがあるくらい。展望に恵まれた山である。

登山コースは、浄土平から鎌沼を経由するコースと、浄土平の南、鳥子平登山口から景場平を経由するコースがある。

浄土平❶から鎌沼へは、一切経山に向かう登路ではなく、その1つ南の道を直接上

▲景場平の木道

がるとよい。50分ほどで鎌沼の畔に出て、さらに10分足らずで姥ヶ原❷の分岐に着く。

東吾妻山へは分岐を南へゆるやかに登っていく。姥ヶ原の開けた景観から、いったん針葉樹林に包まれた道を行く。

40分ほど歩くと、展望の開けた広い東吾妻山山頂❸に着く。少し南に下ると展望台だ。北から西に、吾妻連峰のたおやかな稜線が広がり、谷地平の湿原から大倉川が深い峡谷を刻んでいる。

ひと休みしたら、登山道を南に景場平❹をめざそう。展望の開けた山頂付近も下るほどに、登ってきたコースと同じように針葉樹林に包まれる。

1時間ほど下って、ぽっかりと空いた湿原が景場平。木道があり、夏にはワタスゲなどの高山植物が咲き誇る。

景場平から30分、ところどころにぬかるみのある登山道をゆるやかに下っていくと、磐梯吾妻スカイラインの通る鳥子平登山口

▲針葉樹の森を行く

登山口情報

〈トイレ〉
登山口の浄土平にある

〈駐車スペース〉
浄土平に約300台。そのほか、近辺の兎平にもある

〈交通アクセス〉
福島市から県道70号線（磐梯吾妻スカイライン）で浄土平へ

〈地図内〉
←谷地平へ
姥ヶ原
❷
濃霧に注意
明るい谷筋の道
◀1:00
浄土平
❶
START GOAL
w.c 水 P
❻
兎平
広い山頂
❸
針葉樹の林をゆく
東吾妻山
1975
車道に沿った渓流の道
展望台
磐梯山方面がよく見える
1:00▼
景場平
❹
1:00▼
鳥子平登山口
バス停
❺
0:30▼
地塘が点在しのんびりできる

〈標高グラフ〉

❶ 浄土平（水場）— 3.2km — ❷ 姥ヶ原 — 1.1km — ❸ 東吾妻山山頂 — 2km — ❹ 景場平 — 1.2km — ❺ 鳥子平登山口 — 2.9km — ❻ 浄土平

m 2200 2100 2000 1900 1800 1700 1600 1500

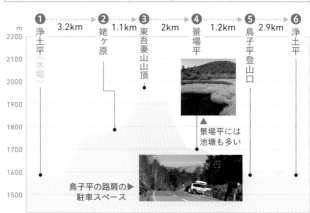

景場平には池塘も多い

鳥子平の路肩の▶駐車スペース

❺のバス停近くに出る。

　ここから浄土平❻に戻るにはバスに乗ってもよく、車道沿いの遊歩道を歩くと1時間ほどで浄土平に着く。

吾妻小富士を散策

　浄土平の周辺は、ハイカーのみならず観光客でいつもにぎわっている。時間があれば、観光客に混じりながら浄土平から東に、吾妻小富士をまわってみてもよい。展望は広く、福島のまち、阿武隈高地を見渡せる。

　浄土平から1周すると、約1時間でまわることができる。小さな噴火丘だが、展望がよく火山独特の景観が楽しめる。

立ち寄りスポット

野地温泉

📞 **0242-64-3031**（野地温泉ホテル）

吾妻連峰には随所に温泉があるが、磐梯吾妻スカイラインに近い雲上の湯として車道まで湯煙が立ち込める野地温泉を訪ねる人は多い。なお、野地温泉は、吾妻連峰の南の箕輪山、安達太良山への登山の起点にもなっている。

重厚な飯豊連峰の南端にそびえる山

三国岳
みくにだけ

中級

山歩きDATA

登山シーズン

| 1 | 2 | 3 | 4 | 5 | 6 | 7 | 8 | 9 | 10 | 11 | 12 |

体力レベル	★ ★ ★
標　　　高	1644m
標　高　差	約950m
歩　行　時　間	約8時間
歩　行　距　離	約12km

西会津町役場

📞 **0241-45-2211** (代表)

▲弥平四郎から望む三国岳の稜線

　山形県・福島県・新潟県の3県にまたがる飯豊連峰。その重厚で長大な稜線に日帰りできる山は少ない。加えて、ここ数年の風水害により登山口に向かう林道が崩壊しているところもあるので、入山する場合は事前に現地役場などに確認するようにしたい。

　三国岳はそのような飯豊連峰の南にそびえる山。この山の周回なら日帰りも可能なので、朝早くから登り始めるハイカーもいる。

　登山口は喜多方市川入からと、西会津町弥平四郎からがメインだが、周回する場合は弥平四郎からの入山とする。

▲ブナの森を登る

　登山道は疣岩山へ尾根を登る尾根コースと、十森の水場を通るコース。後者のほうが古くからある道だが、稜線の直下の雪解けが遅い時期にはトラバースが危険なので、尾根コースを登り、余裕があれば十森を通るコースを下山するのがよいだろう。

　弥平四郎登山口❶の駐車場入口にある登山道に入り、1時間30分ほど樹林のなかの急な道を登ると、上ノ越❷に着く。

　尾根を右手に進むと展望もよくなり、上ノ越から1時間30分ほどで疣岩山❸。そこから草原や岩場の混じる眺めのよい稜線を1時間強歩くと三国岳山頂❹だ。

　山頂には避難小屋があり、展望もよく、少し下ると水場もある。種蒔山、飯豊山本峰へと続く主稜線は次の機会にしよう。

　下山は、往路を戻るほか、疣岩山❺まで戻り、道標に従って分岐を左にとれば十森、祓川山荘❻を経て弥平四郎登山口❼へ向かう道がある。夏早い時期は残雪のトラバース

▲森のなかにある祓川山荘

▲そば街道を訪ねる

登山口情報

〈トイレ〉
弥兵四郎登山口や避難小屋など
にある

〈駐車スペース〉
弥兵四郎登山口に30台ほど

〈交通アクセス〉
喜多方市から国道459号線を西
へ、奥川地区から県道383号線
を北へ向かう

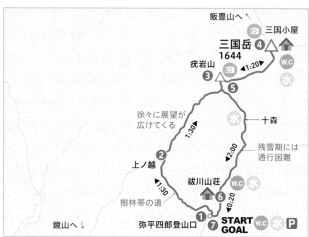

飯豊山へ↗
三国小屋
三国岳 ④
1644
①・疣岩山
③ ◀1:20
⑤
徐々に展望が 💧
広けてくる 十森
1:30▶
残雪期には
② 2:00 通行困難
上ノ越
祓川山荘 💧
1:30 ⑥
樹林帯の道 0:20
①
鏡山へ↓ 弥平四郎登山口 ⑦ START
GOAL 💧 P

◀弥平四郎登山口駐車場

① 弥平四郎登山口（水場）
② 上ノ越
③ 疣岩山
④ 三国岳山頂
⑤ 疣岩山
⑥ 祓川山荘（水場）
⑦ 弥平四郎登山口

2.2km 2.6km 1.5km 1.5km 3km 300m

m: 2200 2000 1800 1600 1400 1200 1000 800

などに要注意だが、道そのものは古くから
あり明瞭で、ブナの森の深さを堪能できる。

会津そば街道を散策

喜多方市と西会津町を結ぶ旧山都町・宮
古集落一帯は、「山都のそば」という美味し
いそばを味わえるところとして有名だ。

宮古集落はその「山都のそば」の中でも、
水につけて食べる「水そば」として有名なと
ころ。集落のうち約半数がそれぞれの農家
の客間を使った農家食堂としてそば屋を営
んでいて行楽客も多い。

なお、料金は宮古地区でつくる組合で決
められているという。

立ち寄りスポット

飯豊連峰展望所
📞 **0238-86-2411**（飯豊町観光協会）

国道459号線の途中にある飯豊連峰の展望所。
山懐深い飯豊連峰にあって主稜線の全山が見
渡せる場所として知られている。
晴れた日には飯豊連峰の里山の風景も見渡せ
るので、ぜひ立ち寄ってみたい。

展望所から初秋の飯豊連峰

磐梯山の西に広がる湖沼から半日ハイク

猫魔ヶ岳
ねこまがだけ

中級

▲雄国沼の散策道から望む猫魔ヶ岳

山歩きDATA

登山シーズン

| 1 | 2 | 3 | 4 | 5 | 6 | 7 | 8 | 9 | 10 | 11 | 12 |

体力レベル ★★★

標 高	1404m
標 高 差	約300m
歩 行 時 間	約5時間
歩 行 距 離	10km

喜多方観光物産協会

☎ **0241-24-5200**

猫魔ヶ岳は喜多方市の東方、磐梯山系の一角に優美な山容を見せている。

猫魔ヶ岳の西にある雄国沼はニッコウキスゲに埋まる初夏には、麓の萩平地区から沼を見下ろす金沢峠までシャトルバスが運行される。峠に立ち、優美な沼を探勝し、猫魔ヶ岳の山頂に立てば、変化に富んだ日帰りハイクになるだろう。

金沢峠❶からゆるい傾斜の道を降りると、約30分で無人の避難小屋としても利用されている雄国沼休憩舎❷に着く。湿原の散策はあとまわしにして、休憩舎の分岐を

▲眼下に喜多方の田園風景を望む

東に猫魔ヶ岳に進もう。ちなみに分岐から雄子沢沿いに行く道は雄国沼せせらぎ探勝路と呼ばれ、裏磐梯の檜原湖の南端に通じている。また、雄国沼せせらぎ探勝路に入ってすぐの分岐を左に上がっていくと、展望のよい雄国パノラマ探勝路だ。

猫魔ヶ岳へは、雄国沼の北から沼を回り込むようにしてゆるい傾斜の道を上がる。樹林のなかを1時間半ほど登ると、ぽっかりと展望の開けた分岐に着く。猫岩❸という大きな岩がある。

山頂は猫岩のすぐ東、20分ほど歩いたところだ。猫魔ヶ岳山頂展望台❹から、雄国沼や裏磐梯など周囲の展望を楽しめる。

東に八方台に向けて登山道が延び、その先に磐梯山の鋭峰がそびえている。眼下にはアルツ磐梯スキー場や裏磐梯猫魔スキー場が山頂近くまできている。北には遠く吾妻連峰のたおやかな山並みが広がっている。

下山は多くのハイカーが往路を戻る。猫

▲雄国沼から対岸の稜線
（パノラマ探勝路）を望む

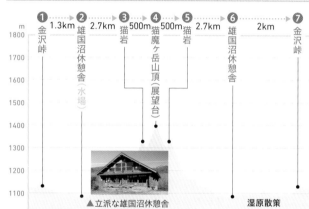

雄国沼休憩舎
水
金沢峠
START
GOAL
雄国沼
樹林のなかの
ゆるやかな道
雄国沼湿原
1周30分〜1時間
猫魔ヶ岳
1404
猫岩

登山口情報

〈トイレ〉
金沢峠、雄国沼休憩舎にある

〈駐車スペース〉
萩平駐車場に300台、金沢峠に
20台ほど

〈交通アクセス〉
喜多方市からは県道337号線を
熊倉町雄国へ、道標に沿って雄
国沼方面へ上がる

❶		❷		❸		❹		❺		❻		❼
金沢峠	1.3km	雄国沼休憩舎（水場）	2.7km	猫岩	500m	猫魔ヶ岳山頂（展望台）	500m	猫岩	2.7km	雄国沼休憩舎	2km	金沢峠

▲立派な雄国沼休憩舎

湿原散策

岩❺を経て1時間ほど下っていくと、雄国
沼の畔の雄国沼休憩舎❻に出る。

雄国沼の湿原を散策

　湿原散策にも行ってみよう。雄国沼は猫
魔火山が噴火したときに噴火口の周りが陥
没してできたカルデラ湖で、沼全体が特別
天然記念物に指定されている。木道は、1
周30分ほどで回ってくることができる。

　初夏のニッコウキスゲの群落はあまりに
も有名だが、季節を少しはずしても、春から
秋にかけて、コバイケイソウ、トラノオ, ワ
タスゲ、ツルコケモモ、アヤメ、ワレモコウ
など季節の花々が目を楽しませてくれる。

恋人坂からの夕日

131

草稜と池塘の織りなす山岳美

会津駒ヶ岳
あいづこまがたけ

上級

▲駒ノ大池から会津駒ヶ岳を望む

山歩きDATA

登山シーズン

| 1 | 2 | 3 | 4 | 5 | 6 | 7 | 8 | 9 | 10 | 11 | 12 |

体 力 レ ベ ル	★ ★ ★
標　　　　高	2132m
標 高 差	約1050m
歩 行 時 間	約8時間
歩 行 距 離	12km

尾瀬檜枝岐温泉観光協会

📞 0241-75-2432

　会津駒ヶ岳は尾瀬の北方にそびえ、福島はもちろんのこと、首都圏からもたくさんのハイカーが訪れる。休日ともなると登山口の駐車スペース❶はいっぱいになり、路肩に駐車するハイカーも多い。

　登山道は檜枝岐村役場の手前（福島側）に大きな看板があり、そこから歩いて30分ほどのところまでクルマが入れる。

　登山口のそばに竜ノ門の滝があるが、下山時に時間があれば寄ることにしよう。

　登山道は山頂に向けて一本の大きな尾根に延び明瞭な道だ。概ねブナの森のなかで、

▲山頂の周辺でのんびりしたい

標高が上がるにつれダケカンバのほか、シラビソなど針葉樹林も目立ってくる。

　傾斜がゆるくなれば、右手に会津駒ヶ岳のたおやかな山容が広がり、稜線は近い。歩き始めて3時間ほどで、駒ノ大池という池塘を目の前にした駒の小屋❷につく。

　小屋の前で小休止して、会津駒ヶ岳山頂❸をめざそう。小屋からは30分ほどだ。

　下山は往路を駒の小屋❻を経て駐車スペース❼へ戻る。南に富士見林道を通り、大津岐山からキリンテに下る道もある。だが、むしろ会津駒ヶ岳の山頂まできたら、その先の中門岳❹まで足を延ばしてみたい。

中門大池を探勝する

　会津駒ヶ岳の山頂は、展望も広いとはいえず、あまりパッとしない。むしろ、駒の小屋周辺と、山頂から北に延びる中門岳の稜線のほうが湿原と池塘が続き、人気が高い。

　草のうねる稜線と、そのなかを延々と続

▲登山口に近い竜ノ門の滝

登山口情報

〈トイレ〉
登山口に向かう林道の入口や駒の小屋にある

〈駐車スペース〉
登山口に向かう林道の入口周辺のほか、檜枝岐に多数

〈交通アクセス〉
会津若松からは、国道121号線を会津高原方面、国道289号線、401号線を檜枝岐へ

④ △ 中門岳
湿原が広がる「雲上の楽園」
会津駒ヶ岳
2132
③ △
⑤
駒の小屋
② ブナの森の道
⑥ W.C
3:00
2:30
山頂に近づくほどゆるやかに
① START GOAL
⑦ 檜枝岐
急登が続く
W.C P

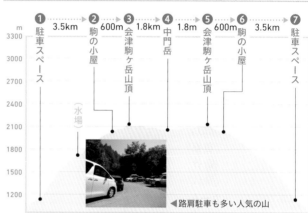

①	②	③	④	⑤	⑥	⑦
駐車スペース	駒の小屋	会津駒ヶ岳山頂	中門岳	会津駒ヶ岳山頂	駒の小屋	駐車スペース

3.5km　600m　1.8km　1.8m　600m　3.5km

◀路肩駐車も多い人気の山

く１本の木道。駒ノ小屋から中門岳までの往復２時間ほどは、いくつもの湿原や池塘が出迎えてくれる楽しい道だ。
　夏にはワタスゲ、コバイケイソウ、ハクサンコザクラなどの花々が咲き誇り、晴れやかな気分に包まれるだろう。

▲中門岳の大池の畔

立ち寄りスポット

檜枝岐温泉「駒の湯」
📞 **0241-75-2655**

檜枝岐は尾瀬の北の玄関口でもあり、旅館や公園、キャンプ場などが並び、檜枝岐歌舞伎も有名だ。ぜひ、ゆっくりと檜枝岐の集落と歴史を訪ね歩いてしてみよう。
ひと風呂浴びるなら、「駒の湯」が集落の中心に近い。

東北最高峰の尾瀬の名峰

燧ヶ岳
ひうちがたけ

▲御池の近くから燧ヶ岳を望む

山歩きDATA

登山シーズン
1 2 3 4 5 6 7 8 9 10 11 12

体力レベル	★ ★ ★
標　　　高	2356m
標 高 差	約850m
歩 行 時 間	約8時間
歩 行 距 離	9.5km

尾瀬檜枝岐温泉観光協会

📞 **0241-75-2432**

　燧ヶ岳は尾瀬を代表する山で、東北地方の最高峰でもある。山頂部は、柴安嵓、俎嵓など5つの山から成り立っているので、これらの山頂を1つひとつ極めようとすると、意外に労力と時間がかかる。そこで、ここでは柴安嵓の往復を紹介しよう。

　登山口はいくつかあるが、シャトルバスなどの時間をいちばん気にしなくてよいのは、御池駐車場❶から直登するコースだ。登り始めはシラビソなどの針葉樹林が混じ

▲灌木の登山道を行く

る少しジメジメした尾根を行く。1時間ほど登ると、パッと視界が開ける。広沢田代だ。

　このコースのよいところは1時間おきくらいに湿原や池塘など眺めのよいところに出会うこと。広沢田代でひと休みして。1時間近く登ると、熊沢田代❷の湿原に出る。

　登るほどに、森林限界が近くなってくる。登山道も、ぬかるみの道から小さな沢を渡り、岩のゴツゴツした道に変わる。

　登り始めて約4時間、俎嵓の山頂に出る。西の眼下には尾瀬ヶ原の大湿原が広がり、その先に至仏山の優美な山容が広がる。もちろん南には尾瀬沼、北には遠く会津駒ヶ岳など展望にはこと欠かない。俎嵓から燧ヶ岳山頂❸の柴安嵓の往復は1時間足らず。たどり着いた柴安嵓からは、眼下により尾瀬ヶ原が迫って見える。尾瀬の広さ、大きさをより満喫できる。

　下山は熊沢田代❹の湿原を愛でながら御池駐車場❺へ往路を戻るのが早い。

▲熊沢田代を見下ろす

御池ロッジ
START
GOAL
広沢田代湿原
熊沢田代
燧ヶ岳
2356
←尾瀬ヶ原へ

湿原と急登をくり返す

山頂直下は急登続く

尾瀬ヶ原、尾瀬沼、会津の山々が一望のもと

大江湿原

長衛小屋など

尾瀬沼

登山口情報

〈トイレ〉
登山口の尾瀬御池にある

〈駐車スペース〉
尾瀬御池に約400台

〈交通アクセス〉
会津若松からは、国道121号線を会津高原方面、289号線、401号線を檜枝岐、七入、御池へ

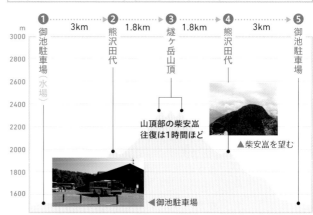

❶御池駐車場（水場） 3km ❷熊沢田代 1.8km ❸燧ヶ岳山頂 1.8km ❹熊沢田代 3km ❺御池駐車場

山頂部の柴安嵓往復は1時間ほど

▲柴安嵓を望む

◀御池駐車場

尾瀬沼を訪ねる

　時間と体力があれば燧ヶ岳から長英新道を尾瀬沼に降り、沼山峠に出ることも可能だ。また、燧ヶ岳には登らずに尾瀬沼に直接行く場合、御池でシャトルバスに乗り、沼山峠で下車。峠を越えて1時間足らずで尾瀬沼に着く。尾瀬沼の周辺を散策するだけで、充実した半日ハイクになるだろう。

▲尾瀬沼から大江湿原を歩く

檜枝岐温泉「燧の湯」
☎0241-75-2290

檜枝岐は尾瀬の北の玄関口でもあり、歌舞伎が開催されることでも知られている。資料館なども整備されているので、一度、ゆっくりと訪ねてみたい。ひと風呂浴びるなら、檜枝岐集落のなか、檜枝岐川の対岸にある「燧の湯」がおすすめだ。

"ミニ尾瀬"と清水の宝庫を歩く

駒止湿原
こまどしつげん

初級

山歩きDATA

登山シーズン

| 1 | 2 | 3 | 4 | 5 | 6 | 7 | 8 | 9 | 10 | 11 | 12 |

体 力 レ ベ ル	★ ★ ★
標　　　　高	1140m
標 高 差	約50m
歩 行 時 間	約2時間30分
歩 行 距 離	約6km

昭和村観光協会

☎ 0241-57-3700

▲のびやかな湿原の道

　駒止湿原は、南会津の中心に広がる広大な湿原だ。尾瀬の影に隠れてあまり目立たない存在だったが、湿原までの道などが整備され、訪れる人も増えるようになった。休日には駐車場がいっぱいになってしまうほどだ。湿原を周遊して2時間～3時間の、のんびりハイクを楽しむことができる。

　登山口は駒止峠近くの駐車場❶から。休日には地元の自然保護監視員が常駐しているので、あいさつがてらクマの出没情報などをチェックしておくとよい。

　道標に導かれて20分ほど明瞭な道を登

▲紅葉の時期もハイキングに最適だ

ると、木道が現れ、大谷地❷と呼ばれる湿原に出る。駒止湿原全体としては10を超える湿原が点在し、なかでも大きな湿原が大谷地、白樺谷地、水無谷地と呼ばれている。

　3つの谷地は木道と遊歩道などで結ばれ、全体で片道約2kmの距離になるという。

　ブナ林のなかにぽっかりと空いた谷地を歩く。例年だと、4月下旬からのミズバショウ、リュウキンカに始まり、初夏のワタスゲ、ニッコウキスゲ、秋にはウメバチソウやリンドウなど、季節に応じて高山植物が目を楽しませてくれる。季節の彩りを愛でて、湿原を彩る花々に癒されると、ときの経つのも忘れるだろう。

　水無谷地まで行かなくても、途中、どこから戻ってもよい。大谷地と白樺谷地の間には、駐車場❸に戻る遊歩道が延びている。

昭和村の清水の里を回る

　駒止湿原のある昭和村は、清水の里とし

▲リンドウが咲く

登山口情報

〈トイレ〉
湿原入口の南会津町の駐車場に
ある

〈駐車スペース〉
湿原入口に20台ほど

〈交通アクセス〉
会津若松市から国道121号線で
会津田島へ、国道289号線の針
生から旧道を上がると駐車場に
着く

水無谷地

水無谷地の往復は
1時間くらいみておきたい

白樺谷地

0:30

駒止湿原

湿原内に
木道が延びる

0:30

0:40

大谷地　2

旧開拓の道（遊歩道）

0:20

1　3　START
GOAL　W.C　水　P

1　駐車場（水場）　　400m　　2　大谷地　　　5.2km　　3　駐車場

m
1500
1400
1300
1200
1100

▲駒止峠近くの駐車場

水無谷地の散策

ても知られ、村内の各地に湧き出ている。
ハイキングの帰りにドライブでそんな湧き
水めぐりをしてみるのも楽しい。
　駒止湿原にいちばん近いのは冷湖の霊泉。
昔、村人が日照り続きで困っていたところ、
地元の名主の枕も
とに天狗が現れ、
水のお告げをした
という天狗伝説が
残る湧水だ。
　村内には、この
ほかに天狗の冷水、
代官清水、矢ノ原
清水などがある。

▲清水めぐりも楽しい

立ち寄りスポット

大内宿
📞 0241-69-1144（下郷町観光協会）

121号線を会津若松方面に向い、湯野上温泉か
ら左折し県道329号線を北上すると大内宿が
ある。軒を連ねた古民家は、まるで江戸時代に
タイムスリップしたかのようで一見に値する。

初級

山深い湖を囲む山を一周する
惣山・前山

そうざん・まえやま

▲太郎布集落から見た前山

山歩きDATA

登山シーズン

1	2	3	4	5	6	7	8	9	10	11	12

体力レベル 　★★☆

標　　　　高	835m(前山)
標　高　差	約360m
歩　行　時　間	約5時間
歩　行　距　離	10km

金山町商工観光係

📞 **0241-54-5327**

　沼沢湖は二重式カルデラで、約5600年前にできたとされる高原の湖。周囲はブナやミズナラの森に覆われた、まさに神秘の湖の名にピッタリの雰囲気を漂わせている。

　惣山と前山は、この沼沢湖(二重式カルデラ)の内輪山ということになる。湖畔の沼御前神社とキャンプ場のあたりから惣山、前山をまわって沼御前神社に戻れば、沼沢湖の周囲の山を1周したことになる。

　沼沢キャンプ場❶から惣山の登山口へは、車道かサイクリング道路を歩くことになる。小さな神社が湖岸の道を離れて登山コースになる目印だ。

▲惣山の目印となる鳥居

　参拝のあと、杉林の道を登って行くとベンチがあり、さらにつづら折りの登りが続く。

　湖畔から見ると小山のような惣山も、登り始めると小さな岩場も出てきて、意外に登りがいがある。

　広い惣山山頂❷には鉄塔が建ち、眺めはよい。眼下に神秘の湖が広がっている。

　ひと休みして、次は前山だ。といっても、いったん急坂を下るので、ここも意外に大変だ。前山山頂までは1時間半ほどはみておいたほうがいい。途中の鞍部はみえるが丘❸と呼ばれ、湖と反対(西)側の太郎布集落に降りることもできる。

　登り詰めた前山山頂❹は意外にあっけなく、標柱はあるものの山頂と気づかず通りすぎてしまうハイカーもいるほどだ。

　山頂の少し先の岩場のほうが展望がよいので、そこで小休止としよう。

　登山道はその岩場の先で急坂を下る。湖畔をしばらく歩くと沼沢山荘という漁協の

▲湖畔の樹林帯を歩く

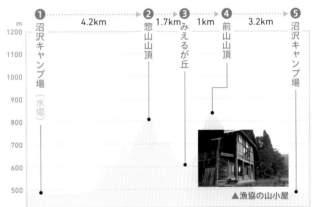

惣山

樹林の道
小さな岩場もある

鳥居が目印

沼沢湖

沼沢キャンプ場

START
GOAL

みえるが丘

前山
835

岩場の展望がよい

登山口情報

〈トイレ〉
湖畔のオートキャンプ場などに
ある

〈駐車スペース〉
沼御前神社周辺など湖畔にある

〈交通アクセス〉
会津若松からは国道252号線で
早戸へ、県道237号線で沼沢湖

❶ 沼沢キャンプ場 （水場） 4.2km ❷ 惣山山頂 1.7km ❸ みえるが丘 1km ❹ 前山山頂 3.2km ❺ 沼沢キャンプ場

▲漁協の山小屋

山小屋がある。ここからは、沼沢キャンプ場❺の敷地内を進むと、スタート地点に戻る。

沼沢湖畔を訪ねる

　沼沢湖は、湖畔にオートキャンプ場やサイクリングコースなどがあり、バードウォッチングやヒメマスの刺し網体験やカヌーを楽しむ人もいる。また、8月には「沼沢湖水まつり」が開催される。そんなイベントを楽しみに訪れるのもいいだろう。

　ちなみに、湖畔には「妖精の里」金山町にちなんだ日本で唯一の「妖精美術館」がある。

▲森に囲まれた妖精美術館

立ち寄りスポット

早戸温泉「つるの湯」
☎ **0241-52-3324**

沼沢湖に近い只見線・早戸駅の近くにある日帰り入浴施設。飲用療養にも適する温泉として人気が高まっている。自炊施設もある。
なお、只見線・国道252号線沿いには、三島町は宮下温泉、金山町には只見川沿いに共同浴場が5か所以上あり、地元住民が大切に管理している質素な湯。料金も無料から500円ほど。

阿武隈山地を代表する岩峰を歩く

霊山
りょうぜん

初級

▲駐車場から見上げる霊山

山歩きDATA

登山シーズン

1 2 **3 4 5 6 7 8 9 10 11** 12

体力レベル ★ ★ ★

標　　　高	825m(東物見)
標　高　差	約300m
歩 行 時 間	約2時間30分
歩 行 距 離	約5km

伊達市観光物産交流協会

📞 **024-529-7779**

福島県伊達市にそびえる霊山は、阿武隈山地の北部を代表する岩山だ。山麓に「霊山こどもの村」というレジャー施設もあり、四季を通じて家族連れのハイカーも多い。

標高も高くはなく手軽な半日ハイクを楽しめる山だが、岩峰での滑落事故も起こり得るので、子連れのハイキングでは気をつけるようにしたい。

登山口はこどもの村の奥にある広い駐車場❶。この駐車場からは、これから登る霊山の全容を見渡すことができる。

樹林のなかをひと登りすると、次々に岩場が現れる。登山道はその岩の脇をすり抜

▲岩場の脇を歩く

けるようにして延びている。宝寿台、見下し岩、天狗の相撲場、護摩壇など、個性的な岩峰や奇岩を見つつ、半円状にくりぬいた道を歩く。断崖絶壁の眼下にこどもの村を見下ろすと、誰もが肝を冷やすことだろう。

護摩壇❷から霊山城跡に向かって史跡を回りつつゆっくりと登り、山頂へ向かう。岩場、ロープ場もあり、用心したい。

トイレもある霊山城跡から10分程歩いた霊山山頂(東物見岩)❸も展望はよく、阿武隈山地の山々、福島の市街から遠く吾妻連峰まで一望のもとだ。

下山は望洋台まで小さな縦走になり、日暮れ岩に向けて急坂を下る。山頂から日暮れ岩にかけても、学問岩、蟻の戸渡りなどの岩場が次々と現れる。また、途中、弁天岩に寄ってみるのもよい。

日暮れ岩をからほんの数分、急坂を降りると、日暮れ岩入口❹に戻る。あとは登ってきた道を駐車場❺に降りていく。

▲護摩壇

▲広々とした城跡

登山口情報

〈トイレ〉
登山口や霊山城跡にある

〈駐車スペース〉
こどもの村奥の登山口に80台以上

〈交通アクセス〉
福島市からは国道115号線を東へ、「霊山こどもの村」の案内版を左折

西物見岩　霊山城跡 W.C
霊山（東物見岩）
825
望洋台
護摩壇
日暮れ岩入口
五百羅漢岩などを見てまわる
START GOAL
霊山 こどもの村　W.C 水 P

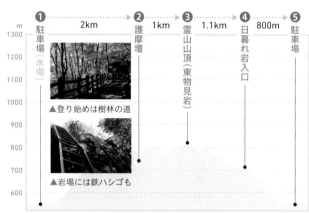

| ① 駐車場（水場） | 2km | ② 護摩壇 | 1km | ③ 霊山山頂（東物見岩） | 1.1km | ④ 日暮れ岩入口 | 800m | ⑤ 駐車場 |

m
1300
1200
1100
1000
900
800
700
600

▲登り始めは樹林の道

▲岩場には鉄ハシゴも

霊山は新緑と紅葉の時期がとくに賑わうが、随所に現れる岩場の由来のほか、霊山城跡や開山の歴史を学びつつ登れば、ひと味違った趣があるだろう。

「霊山こどもの村」で遊ぶ

　小学生くらいの子どものいる家族連れハイカーなら、霊山の岩山を少し歩いて、あとは登山口に近い「霊山子どもの村」をまわってみても楽しめるだろう。

　屋外には、キャンプ場、コテージなどのほか、スカイサイクル、ジャンボすべり台やアスレチックもある。併設された宿泊施設の紅彩館でひと風呂浴びるのもいい。

立ち寄りスポット

霊山神社
📞 024-587-1326

南北朝時代の重要な城跡遺構として国の史跡に指定されている霊山。修験道の山としても知られているが、その面影を山麓にも残している。麓にある霊山神社もその1つ。
急な石段を登り詰めると、厳かな境内があり、春には例大祭として濫觴武楽（らんじょうぶがく）という剣舞が奉納される。

141

手軽な岩峰を半日ハイク

二ツ箭山
ふたつやさん

中級

山歩きDATA

登山シーズン

| 1 | 2 | 3 | 4 | 5 | 6 | 7 | 8 | 9 | 10 | 11 | 12 |

体力レベル ★★☆

標　　　　高　　　709m

標　高　差　　約500m

歩　行　時　間　約4時間

歩　行　距　離　約5km

いわき観光町づくりビューロー

📞 0246-44-6545

▲山麓から見る二ツ箭山

二ツ箭山は、福島県いわき市の北部に、男岩（男体山）と女岩（女体山）という2つの岩峰がそびえている。その山容が弓矢の矢尻を思わせるところから、二ツ箭山と呼ばれている。山頂近くには険しい岩場があり、ロッククライミングが楽しめるところ。また、春のツツジ・秋の紅葉の名所である。

ハイカーはもちろん、ロッククライミングを楽しむ人などで賑わっている。

登山道はいくつかあるが、メインの登山道は新しく整備された駐車場から登り、男岩と女岩という2つの岩峰をつないで、二ツ箭山の山頂から下山するコースだ。

登山口駐車場❶から道標にしたがって沢沿いの林道を登ると御滝を見て、さらに沢コースを登ると、〆張場❷と呼ばれる分岐に着く。そこで沢を離れ、尾根に登ると、男岩、女岩の岩峰が続いている。

途中に鎖場などもあるが、岩場などには巻き道もある。だた、長い鎖場ではこれまで滑落事故も起きている。無理だと思ったら巻き道を行こう。男岩・女岩の岩峰に登るのは、見た目以上に厳しい。

さらに、小ピークを2つほど越え、尾根を登っていくと二ツ箭山山頂❸だ。山頂一帯は春ならば岩ツツジがきれいだが、木々に囲まれて展望はあまりよいとはいえない。

ひと休みして南に、月山❹に向かう尾根を降りていく。大岩のある月山からは登ってきた男岩、女岩の眺めがよい。

月山からは西に月山新道と呼ばれる尾根に延びる急な道を下ると林道に出て、10分

▲2つの岩峰を望む

▲ロッククライミングも楽しめる

登山口情報

〈トイレ〉
登山口の駐車場にある

〈駐車スペース〉
登山口に30台以上

〈交通アクセス〉
いわき市から国道399号線を北へ、小川町を抜けると標識がある

2つの岩を通る鎖場のほか、巻き道もある **二ツ箭山** 709 ❸

1:20 ▶0:20

〆張場 ❷

渓流沿いの道

0:50 ▶

❹ 月山

▲0:50

北に男岩、女岩を望む

樹林帯の尾根道

START GOAL ❶ W.C P ❺

m	❶ 登山口駐車場	1.6km	❷ 〆張場（水場）	1.1km	❸ 二ツ箭山山頂	600m	❹ 月山	2km	❺ 登山口駐車場

▲登山口にある登山ポスト

ほど歩くと登山口駐車場❺に着く。

背戸峨廊の渓流を探勝

少し離れているが、二ツ箭山から県道41号線を西に進むと夏井川渓谷がある。

その渓谷の支流の合田川に、背戸峨廊と呼ばれる峡谷がある。

福島県の詩人、草野心平が名づけた峡谷だ。

峡谷の入口からトッカケの滝までは遊歩道を30分ほどでたどり着く。紅葉の時期がとくに美しい。

▲背戸嵯廊を探勝する

立ち寄りスポット

草野心平生家
☎0246-83-0005（草野心平記念文学館）

二ツ箭山の山麓、いわき市小川町に詩人、草野心平の生家がある。いわき市の名誉市民でもある詩人「草野心平」を記念する文化的施設として保存整備されている。

少し離れているが、草野心平文学記念館も展示内容が充実した施設で、一見の価値がある。

【監修】木暮人倶楽部　森林・山歩きの会

「さまざまな団体や個人と連携して、素晴らしい日本の木の文化や天然志向の木のよさを社会に広める」ことなどを目的とする木暮人倶楽部に設けられた分科会。全国各地の森林や天然木、さらに、その先にある山々や渓谷などを探訪し、その情報を広く発信することを目的に活動中。

企画・制作　有限会社イー・プランニング

編　　集　木暮人倶楽部 森林・山歩きの会（事務局：菱田編集企画事務所）

デザイン+DTP　イノウエプラス

【写真協力者一覧】
小河裕子／小野江為人／坂入信／長南善行／浜口正彦／福島県観光物産交流協会／船津明日美／吉瀬稔

ＰＩＸＴＡ（ピクスタ）／写真ＡＣ

東北　ゆったり山歩き　増補改訂版
自然を満喫できる厳選コースガイド

2024年4月10日　第1版・第1刷発行

監　修　木暮人倶楽部　森林・山歩きの会 （こぐれびとくらぶ しんりん・やまあるきのかい）
発行者　株式会社メイツユニバーサルコンテンツ
　　　　代表者　大羽　孝志
　　　　〒102-0093 東京都千代田区平河町一丁目1-8
印　刷　株式会社厚徳社

ご意見・ご感想はホームページから承っております。
ウェブサイト　https://www.mates-publishing.co.jp/

企画担当：千代 寧

※本書は2019年発行の『東北 ゆったり山歩き 厳選コースガイド』を元に加筆・修正を行い、新規内容を追加、書名・装丁を変更して新たに発行したものです。